本书出版受广西哲学社会科学基金青年项目"供求关系变化新形势下西部地区城市青年住房压力识别与风险应对策略研究"（编号：24JYC006）资助。

　　广西高校中青年教师科研基础能力提升项目"高标准建设南宁现代化都市圈的推进机制与实现路径研究"（编号：2024KY0143）资助。

　　广西民族大学科研基金资助项目（人文社科类引进人才科研启动项目，编号22SKQD20）资助。

光明社科文库
GUANGMING DAILY PRESS:
A SOCIAL SCIENCE SERIES

·经济与管理书系·

重新审视中国房地产

从市场化改革视角探索地区经济增长的奥秘

樊光义 ｜ 著

光明日报出版社

图书在版编目（CIP）数据

重新审视中国房地产：从市场化改革视角探索地区

经济增长的奥秘 / 樊光义著 . -- 北京：光明日报出版

社，2025.1. -- ISBN 978 - 7 - 5194 - 8486 - 6

Ⅰ . F299.233.5

中国国家版本馆 CIP 数据核字第 2025QN5251 号

重新审视中国房地产：从市场化改革视角探索地区经济增长的奥秘
CHONGXIN SHENSHI ZHONGGUO FANGDICHAN：CONG SHICHANGHUA
GAIGE SHIJIAO TANSUO DIQU JINGJI ZENGZHANG DE AOMI

著　　者：樊光义

责任编辑：李　倩　　　　　　　　责任校对：李壬杰　李佳莹

封面设计：中联华文　　　　　　　责任印制：曹　净

出版发行：光明日报出版社

地　　址：北京市西城区永安路 106 号，100050

电　　话：010-63169890（咨询），010-63131930（邮购）

传　　真：010-63131930

网　　址：http：// book.gmw.cn

E - mail：gmrbcbs@ gmw.cn

法律顾问：北京市兰台律师事务所龚柳方律师

印　　刷：三河市华东印刷有限公司

装　　订：三河市华东印刷有限公司

本书如有破损、缺页、装订错误，请与本社联系调换，电话：010-63131930

开　　本：170mm×240mm

字　　数：181 千字　　　　　　　　印　　张：14

版　　次：2025 年 1 月第 1 版　　　　印　　次：2025 年 1 月第 1 次印刷

书　　号：ISBN 978 - 7 - 5194 - 8486 - 6

定　　价：89.00 元

序　言

　　长久以来，房地产业发展备受争议。一方面，由市场化改革伴随而来的"高周转、高杠杆、高负债"运转和扩张模式，极大缓解了城市住房矛盾、激发了经济增长潜能；另一方面，房地产企业自身埋下重大隐患的同时也推高了房价、加剧了地方政府债务危机，致使宏观经济进退两难。新时代新征程，我们应当如何辩证看待房地产这一行业，如何认识市场化改革的利弊得失，如何因势利导发挥房地产的积极作用、趋利避害，进而实现房地产市场的平稳健康发展，是一个重大的理论和现实议题。

　　本书的核心观点是：房地产业作为国民经济支柱产业，是连接国内大循环的关键，对畅通国民经济上下游产业，激发内需增长活力，实现产供销有效衔接具有重大作用，这是大国经济的重要特征和独有优势；房地产行业的市场化改革有利于激发各类要素活力，提升资源配置效率，推动地区经济实现数量和质量的"双提升"。扭曲的市场化机制实质是一种反作用力，对资本扩张、信用缺失、无序竞争等行为约束不足，且与金融资本相结合将无限放大市场风险；现行的房地产市场制度体系若缺少必要的改革优化加以完善，一旦僵化、固化即成为各方追求自身最大化利益的工具，危害极大。房地产业是畅通国内大循环的关键环节，我们不应因噎废食，若片面地追求技术创新和产业升级，将之与实体经济简单对立，等同于从一个极端走向另一个极端。市场化模式推动了房地产市场过程二十多年的繁荣发展，但当下畸形的市场化体制极

1

易摧毁过往取得的一切成绩。因此，全面深化改革刻不容缓。

本书尝试从市场化改革的视角切入，着重探讨房地产市场制度变迁、资源配置效率变动与地区经济增长之间的内在关系，为有效化解当前房地产市场诸多弊病，贯彻落实中央"房住不炒"定位，因势利导促进房地产业健康发展和良性循环提供了新的改革思路。针对当前房地产市场存在的诸多弊病，本书主张采用因势利导的办法，选择有利时机，对已实施多年的房地产市场化制度体系进行渐次改革，通过巧妙高效的机制设计稳步提高房地产市场自身"支持住、抑制炒"的调节能力，并辅之以差异化的政府调控手段，根本上推动房地产市场平稳健康发展。具体包括加强房地产市场体系建设，协调推进房地产市场制度建设，优化和改进房地产调控思路，防范和抑制虚拟经济过度膨胀，推动金融、房地产与实体经济均衡发展等。

樊光义

2024 年 3 月 31 日

目 录
CONTENTS

第一章

引　言

中国的房地产市场与宏观经济密切相关。长久以来，房地产业一直被视为国民经济增长的晴雨表，其兴衰起伏会给其他行业带来巨大的联动效应。① 经济的"房地产化"② 一方面能够刺激投资、拉动内需，另一方面也引发了诸如收入差距过大、金融风险积聚、社会等级分化等严峻问题，受到舆论广泛关注。2020 年至今，受新冠疫情蔓延和国际环境复杂多变的双重影响，房地产行业和其他国民经济重要行业寒流涌动，下行压力持续凸显③，一些头部企业出现融资链断裂、债务违约甚至破产倒闭等新情况、新问题。很多人借此提出，希望借助房地产业扭转经济颓势、强力救市。针对这一形势，党中央再次重申"房住不炒"的基本定位，强调不能"将房地产作为短期刺激经济的手段"，而是希望通过因城施策、支持刚需、优化预售资金监管等积极策略，释放需求潜力，推动房地产业健康发展和良性循环。当前，房地产业作为国民经济支柱产业的地位并未发生根本改变。那么，在新的历史条件下应如何

① 张协奎，樊光义. 中国房地产压力指数构建及其实证分析［J］. 城市问题，2016（11）：90-98.

② 易宪容. "房地产化"经济的转型与房地产长效机制的确立［J］. 探索与争鸣，2017（8）：108-114.

③ LEE J，HUANG Y. Covid-19 Impact on US Housing Markets：Evidence from Spatial Regression Models［J］. Spatial Economic Analysis，2022：1-21.

正确认识和处理房地产与宏观经济之间的互动关系，充分发挥房地产业的积极作用，推动金融、房地产与实体经济均衡发展，使之深度融入国内国际双循环的发展格局，这是本书所探讨的核心命题。

第一节　研究背景与意义

一、研究背景

中国房地产市场的发展壮大与市场化改革息息相关。20 世纪 70 年代末，住房领域的市场化探索①率先拉开了整个房地产行业市场化改革的序幕。直到 1998 年 7 月，国务院印发《关于进一步深化城镇住房制度改革加快住房建设的通知》，福利分房宣告终止，住房分配货币化全面展开，这个时候真正意义上的房地产市场才开始逐渐形成，并开始发展壮大②。多年来，随着市场化改革的不断深入，住房的商品化、产权化，交易的杠杆化、便利化，要素自由化等取得积极成效，市场机制不断发挥作用，资源配置效率得到显著增加，房地产市场得以通过自身的充分发展带动国民经济上下游行业实现联动发展。

然而需要明确的是，中国的房地产市场化改革是政府主导下的强制性变革，整个市场化进程中，政府深度参与其中，始终置身事内③，牢

---

① 邓小平同志于 1978 年 9 月和 1980 年 4 月相继就住房问题发表谈话，提出了住房"商品化"的改革思路和设想。

② 1998 年 4 月央行出台《关于加大住房信贷投入，支持住房建设与消费的通知》及 1998 年 5 月出台《个人住房贷款管理办法》，标志着住房按揭金融模式的确立；2002 年 5 月，原国土资源部发布《招标拍卖挂牌出让国有土地使用权规定》，土地招拍挂制度形成，土地出让市场化成型。

③ 兰小欢 . 置身事内：中国政府与经济发展［M］. 上海：上海人民出版社，2021：8.

牢掌控着政策选择和政策力度的主动权。因此，不可避免地会造成干预过多、管制过严、市场僵化、资源配置扭曲的情况①，即所谓的"越位、缺位、错位与失位"并存。例如，以限购限售应对炒房投机、以户籍管制刺激住房消费、以城乡土地二元分割确保供地需求、以加杠杆模式支持企业扩张、以滞后监管思维应对市场乱象②等，严重阻碍房地产市场的平稳健康发展。党的十八大以来，中央在控制房价上涨的同时，开始着手推动房地产市场的长效机制建设，旨在通过重建市场秩序，规范和约束资本市场、租赁市场、土地市场、交易市场"野蛮生长"，让住房回归居住属性，一系列改革措施取得积极成效，但总体来说，政府过度干预房地产市场的现象依然存在③，很多着眼于长远的制度建设、法治建设未能及时跟进，或迟迟无法落地。例如，房产税制度、不动产统一登记制度、全国住房信息联网制度、住房公积金一体化制度、城乡统一建设用地市场制度、建设用地指标跨区域交易制度等，这是目前的症结所在。

进入 2022 年，受新冠疫情影响，宏观经济基本面遭遇严峻挑战，为扭转经济颓势，很多城市开始逐渐放松限购禁令④，通过降低首付比例、调整税收优惠、发放购房补贴、提高公积金贷款上限、推进都市圈内部互认互贷、支持"三孩"家庭住房消费等方式稳定市场信心、刺激住房消费，但目前为止尚未出台关键的制度约束机制，市场膨胀与风险积聚的隐忧依然存在，未来如何推动房地产市场的平稳健康发展是一

---

① 张晓晶，李成，李育. 扭曲、赶超与可持续增长：对政府与市场关系的重新审视[J]. 经济研究，2018，53（1）：4-20.

② 如房企失信、捆绑销售、虚假房源、中介违约、物业失管等。

③ CHEN J, HUI E C M, SEILER M J, et al. Household Tenure Choice and Housing Price Volatility Under a Binding Home-Purchase Limit Policy Constraint [J]. Journal of Housing Economics, 2018, 41: 124-134.

④ 截至 2022 年 4 月底，全国已有近 80 个城市放松或取消限购令。

个重大的理论和现实议题。为此，本书尝试从市场化改革的视角切入，深入探讨房地产市场制度变迁、资源配置效率变动与地区经济增长之间的内在关系，为有效化解当前房地产市场诸多弊病，贯彻落实中央"房住不炒"定位，因势利导促进房地产业健康发展和良性循环提供新的改革思路。

二、理论意义

研究揭示了房地产市场化改革背后的形成机制与驱动因素，进一步拓展了有效市场和有为政府的理论边界。市场化并不等同于自由化，尤其对转型国家的市场化改革来说，政府的角色至关重要。因此，本书提出的"房地产市场化改革"主要指政府主导下的市场化改革，其实质是一种改革趋向和动态过程，无法要求一朝一夕能够完成，但在这一进程中，要素流动速率得到稳步提高，市场机制的功能得到充分发挥，市场要素体系、组织体系、法制体系、监管体系、信用体系，以及信息体系建设得以全面有序推进，更重要的是，政府应对和解决市场扭曲和不足（如抑制炒房、化解金融风险等）的手段更多地从经济、法律等方面着手，行政限令、审批政策应有序退出，政府行为得到有效规范。上述理论观点有利于丰富和拓展有效市场与有为政府的理论边界。

深刻阐述了房地产市场化改革驱动地区经济增长的内在机理。本书在充分借鉴制度变迁理论、市场扭曲理论、机制设计理论、政府规制理论、经济增长理论等思想精华基础上，论证提出了房地产市场化改革驱动地区经济增长的理论机制与传导路径，为深刻认识房地产业在国民经济中的重要地位、推动房地产业健康发展和良性循环提供了新的研究视角，极大地拓展了房地产经济学、区域经济学、城市经济学、发展经济学等学科的研究视野和理论空间。

为后续研究科学衡量房地产市场"资源扭曲"程度提供了一个理

论方案。扭曲，顾名思义，就是指市场对资源配置最优均衡状态的偏离，一般可分为"内生性扭曲"（endogenous distortion）和"政策引致型扭曲"（policy-induced distortion）两种。本书借鉴樊纲、王小鲁①等学者的理论成果，并结合中国房地产市场的自身特点，从房地产市场与政府的关系、房地产要素市场发育程度、房地产市场非国有经济发展水平、商品房市场发育程度，以及房地产市场中介组织发育和法律制度环境五个方面共选取 20 个基础指标构建测度体系，为科学衡量房地产市场"资源扭曲"程度和制度改革成效提供有益的理论借鉴，进一步拓展有效市场理论与资源优化配置理论的学术空间。

三、现实意义

研究和探讨以市场化改革的方式解决目前房地产市场存在的弊病，有利于更好地落实中央"房住不炒"定位，实现全民住有所居目标。住房问题，既是民生问题也是发展问题②。当前，我国住房市场在经历多年高速发展后，正面临结构性调整与系统性风险交织的复杂局面，突出表现为供需结构错配、土地财政依赖、区域分化加剧、价格机制扭曲、企业信用缺失等问题。近来很多城市面对土地出让市场和新房交易市场双重遇冷，纷纷选择放开交易管制，出台优惠性落户政策，但这依然属于"头痛医头，脚痛医脚"的短视做法，虽暂时取得成效，但从长远看，仍需要选择有利时机，积极稳妥地推进土地市场化、信贷差异化、房地产税制科学化③、政府监管信息化、数字化、调控模式法治

---

① 樊纲，王小鲁，马光荣. 中国市场化进程对经济增长的贡献 ［J］. 经济研究，2011，46（9）：4-16；王小鲁，胡李鹏，樊纲. 中国分省份市场化指数报告 ［M］. 北京：社会科学文献出版社，2021：220-240.

② 习近平. 习近平谈治国理政：第 1 卷 ［M］. 北京：外文出版社，2018：23.

③ 杨龙见，岳童，王佳文，等. 房产税、资源配置与城市生产效率 ［J］. 财经研究，2021，47（10）：50-64.

化、销售和交易透明化等长期性制度体系建设，因势利导解决全民"住有所居"难题。

深入分析房地产市场资源配置效率提升的有效手段，有助于进一步畅通国内大循环，促进国内国际双循环体系的构建。"十四五"时期，我国将加快构建以"国内大循环为主体、国内国际双循环相互促进"的新发展格局。其中，房地产作为连接国内大循环的关键，对畅通国民经济上下游产业，激发内需增长活力，实现产供销有效衔接具有重大作用。现阶段，房地产业依然是国民经济的支柱产业，这一点无可回避，本书的逻辑主线在于深入探讨房地产市场化改革进程中如何实现有效市场与有为政府的有机结合，以更好地实现房地产市场资源配置效率的稳步提升，一头保民生、一头促发展，有效防范和化解系统性金融风险，不断打通制约国民经济循环体系的堵点、痛点和难点，推动地区经济与国民经济实现量增质升。

持续深入推进房地产市场化改革进程，有利于重塑市场预期、规范市场秩序，激发市场活力，促进房地产业健康发展和良性循环。新型城镇化、工业化初期和中期，城市与区域房地产市场供需矛盾尖锐，彼时监管部门尚需容忍房地产行业的"野蛮生长式"扩张，甚至在一定程度上纵容这种资本无序行为。如今，供需平衡的状态日渐趋于稳定，房地产市场诸多深层次结构性、制度性、政策性难题（如租购失衡、供需错配、区域分化、住房空置、炒房投机、信用缺失、租赁暴雷等）亟须政府发挥积极的主导作用，坚持市场化改革大方向，致力于完善市场体系、规范市场秩序、优化市场功能等，这无疑将有利于从长远上抑制房价非理性上涨，促进房地产业健康发展和良性循环。

第二节　研究方法与思路

一、研究方法

本书主要采用理论分析、实证分析和规范分析相结合的研究方法。在定性描述和逻辑分析的基础上，建立理论分析框架，提出研究假设，然后通过设定科学严谨的计量检验模型，进行周密的实证检验，根据实证结果重新修正理论分析过程，最终确保研究结论与对策建议具有较高的科学性和合理性。具体研究方法如下。

理论分析与逻辑推理相结合的研究方法。综合运用演绎、对比、归纳、溯因等方法，对国内外已有研究成果进行系统梳理和总结，在此基础上首先对房地产市场化改革的内涵、特征与构成等基础内容进行详细阐述，总结归纳房地产市场化改革与房地产市场发展壮大、与政府宏观调控、与长效机制建设等内在关系，明确房地产市场化改革的运行逻辑与驱动因素。在此基础上，深入阐述房地产市场化改革与地区经济增长的互动关系与理论机制，建立全书分析框架，为后续实证研究奠定坚实基础。

统计描述分析与实证计量分析相结合的研究方法。本书在第三章理论分析基础上，通过遴选指标，选择权重计算方法，最终得到1999—2020年全国30个省区的房地产市场化指数值，然后综合运用图表分析法、核密度估计法、泰尔指数法、定基功效系数法、综合比较法等统计描述方法对全国及省际层面房地产市场化水平进行综合评价，深入分析其变动规律与分布特征，为后续第五、第六两章的实证检验做好数据准备。

门槛效应分析与机制分析相结合的研究方法。从广义角度上，门槛效应分析也可视为机制分析的变形，甚至异质性分析也可纳入机制分析的范畴，但严格来说，二者在原理和意义上存在细微差异，本书第五章根据前述理论分析假设，将金融发展纳入房地产市场化改革与地区经济增长的实证分析框架，验证其门槛作用是否存在。第六章为识别房地产市场化改革驱动地区经济高质量发展的影响机制和传导路径，我们根据温忠麟、张雷、侯杰泰、叶宝娟①等学者的做法构建机制检验模型，采用逐步回归的方法加以验证，并与前文门槛效应结果进行对比分析。

工具变量与动态面板估计相结合的研究方法。为缓解第五、第六两章实证分析过程中因变量与自变量之间可能的双向因果关系而导致的内生性问题，本书综合运用工具变量法、动态面板回归方法、变换数据维度等多个方法从不同角度验证研究结论的稳健性和科学性，为最终提出可行性对策建议奠定坚实基础。

二、研究思路

本书综合运用区域经济学、城市经济学、房地产经济学、发展经济学等多学科理论与方法，深入阐述和论证房地产市场化改革与地区经济增长和高质量发展的内在关系与作用机理，全书总体上遵循"科学问题凝练→理论与逻辑框架构建→房地产市场化指数构造→实证分析与探讨→研究结论归纳与印证→对策建议提出与改进"的基本思路。具体研究思路与框架如图 1-1 所示。

---

① 温忠麟，张雷，侯杰泰，等. 中介效应检验程序及其应用 [J]. 心理学报，2004
（5）：614-620；温忠麟，叶宝娟. 中介效应分析：方法和模型发展 [J]. 心理科学
进展，2014，22（5）：731-745.

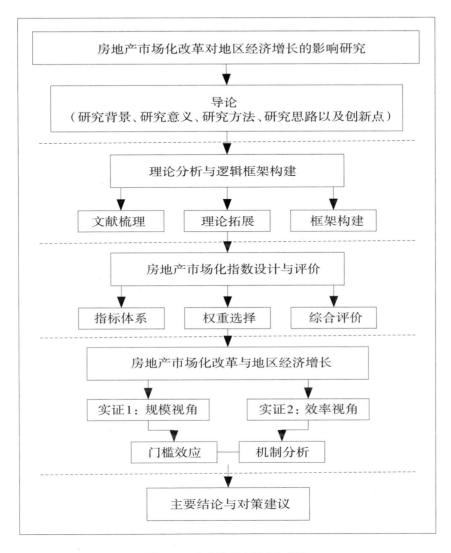

图 1-1 本书的研究思路与框架

第三节　章节安排与技术路线图

一、章节安排

根据上述研究思路，本书共分为七章。

第一章，引言。本章主要介绍全书的研究背景、理论意义、现实意义、研究方法、研究思路、研究框架、技术路线等，提炼全书的创新点，为后文奠定基础。

第二章，国内外研究现状。本章主要分为四部分内容：（一）关于市场化的内涵、本质、动力与测度的研究，主要包括有关市场化的内涵、外延、测度方法、衡量标准，以及金融市场化、利率市场化、汇率市场化等方面文献梳理。（二）关于土地市场化与房地产市场化测度与效应的研究。主要包括有关土地市场化历史背景、政策沿革、测度指标分类，以及房地产市场化内涵、测度体系、权重方法、影响效应等方面文献梳理。（三）关于房地产业与宏观经济互动关系的研究。主要包括有关房地产核心变量、房地产市场发展与经济增长、金融发展、实体经济等相互关系的文献梳理。（四）总结性评析。

第三章，概念界定、理论基础与分析框架。本章首先对研究内容中涉及的几个核心概念进行内涵界定与辨析，特别是提出房地产市场化改革的理论概念与内涵，使之与全面自由化、全面私有化等概念完全区分开。在此基础上，深入论述有效市场与有为政府理论的历史背景、核心要义，以及对房地产市场化改革的理论启示，为后文论证阐述房地产市场化改革的内在机理、房地产市场化改革驱动地区经济增长与高质量发展的理论机制与传导路径奠定基础，最后总结前述研究内容，提出本书的理论分析框架与作用机理。

第四章，中国房地产市场化指数设计与评价。本章在全书起着承上启下的重要作用，一方面借助第三章提出的理论内涵、理论框架、互动机理等内容，从现实层面寻找数据、遴选指标、设计测度思路、构建指标框架、选取权重计算方法，完成 1999—2020 年全国层面和 30 个省区层面的房地产市场化指数的编制工作，并对全国总体水平以及省际相对水平进行相应的客观评价。另一方面本章计算得到的 1999—2020 年全国 30 个省区的房地产市场化指数是后续实证研究的核心解释变量，借助这一结果，我们从第五章开始分别从实证层面深入探讨房地产市场化改革与地区经济增长的内在关系，与第三章理论分析形成有效呼应。

第五章，房地产市场化改革影响地区经济增长的实证研究。本章主要运用第四章计算得到的 1999—2020 年全国 30 个省区的房地产市场化指数，从实证层面检验房地产市场化改革与地区实际人均 GDP 之间的内在关系，注重"量"的分析。由于房地产业天然地与金融发展息息相关，我们在后半部分着重检验了金融在其中可能发挥的门槛作用，与此同时，为缓解可能存在内生性问题，我们采用工具变量法、动态面板回归、变换样本等方法验证研究结论的稳健性。

第六章，房地产市场化改革影响地区经济高质量发展的实证研究。本章是在第五章基础上进一步分析探讨，因为经济增长过程中的数量和质量就像一枚硬币的两面，二者紧密相关同时又各有侧重，我们一般将质量提升视为数量扩张的提高和升华。因此，本章依然运用第四章计算得到的 1999—2020 年全国 30 个省区的房地产市场化指数，从"效率"视角出发，实证检验房地产市场化改革与地区经济高质量发展之间的内在关系，并建立机制检验模型，对第三章第三节提出的人力资本提升、创新投入强化、高新技术产业集聚三大影响机制进行识别与分析。同时为缓解可能存在内生性问题，我们采用工具变量法、动态面板回归、变换样本、35 个大中城市数据回归等方法验证研究结论的稳健性。

第七章，主要结论与对策建议。本章主要是总结梳理全书的研究结论，包括理论和实证两方面，条分缕析，一一列出。在此基础上，提出针对性对策建议，为中央和地方政府部门进一步深化改革提供有益借鉴和决策参考。最后实事求是提出本书的不足之处与未来的研究方向，力争形成系列成果。

二、技术路线图

基于本书前述的研究思路、研究方法、研究框架以及可采取的技术手段，我们提出如下技术路线：第一步，紧密联系中国房地产市场发展的现实需求与国家"房住不炒""长效机制建设"等大政方针，提出科学问题。第二步，总结梳理现有国内外文献，跟踪研究热点和前沿话题，确定论文选题和研究目标。第三步，综合运用区域经济学、城市经济学、房地产经济学、发展经济学等多学科研究方法和理论，深入探讨房地产市场化改革驱动地区经济增长的影响机制与传导路径，构建理论分析框架，这是全书的首要核心任务。第四步，借鉴已有学者成果，遴选指标、确定测度思路，计算得到房地产市场化指数，并在此基础上展开实证分析。这是全书的另一大核心任务。第五步，总结凝练研究结论，阐述政策启示，然后回顾全书研究过程，点出研究不足与未来努力方向。具体技术路线图如图 1-2 所示。

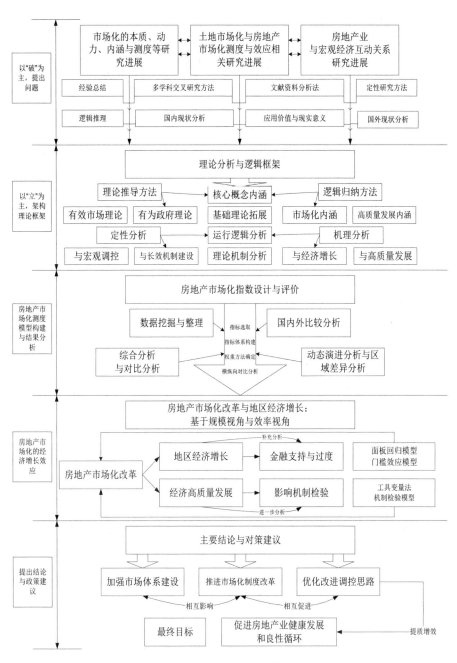

图1-2 本书技术路线图

第四节 主要的创新点

与已有研究相比，本书可能的创新主要体现在以下四方面。

第一，为现有关于房地产与经济增长相关研究提供了新的分析视角。有别于以往研究中选取房价、房地产投资、住房消费、信贷等关键指标作为房地产市场的替代变量，本书尝试从市场化改革的视角出发，通过构建房地产市场化指数来探讨房地产市场资源配置效率变动与地区经济增长的关系。顺着这一思路，本书为进一步贯彻落实中央"房住不炒"定位，构建房地产市场平稳健康发展的长效机制提供了新的改革思路，即重视和加强房地产市场体系建设、信用体系建设与信息体系建设，优化和改进政府调控思路，而不应长久地寄希望于阶段性、差异性的行政限令式政策。

第二，对当前中国房地产市场的现实困境给出了新的理论解释。中国的房地产市场化改革脱胎于高度集中的计划经济体制，因此具有明显的政府主导属性，整个市场化进程中，政府牢牢掌握政策选择和政策力度的主动权。政府通过建立市场化制度体系、发布改革措施可有效缓解市场内生性扭曲，提高资源配置效率，与此同时可能会造成新的政策性、结构性和制度性扭曲，致使改革的边际作用呈现递减趋势，甚至转化为负向效应。由于当前中国的房地产市场尚未发育成熟，市场机制无法充分发挥调节作用，因此，政府往往动用常规的调控手段得不到预期的政策效果，或者根本事与愿违，在这种情况下，各级政府出于稳定经济增长预期的考虑，同时也对多年来行政命令式调控模式的驾轻就熟，"本能"地会采取行政干预的手段以取得调控效果的立竿见影。但这样很可能就错失了推进市场化改革的有利时机，结果导致房地产市场扭曲现象不降反增，进而影响到房地产业的健康发展与良性循环。

第三，阐明房地产市场化改革驱动地区经济增长的作用机制。本书认为，房地产市场化改革能够促进地区经济增长数量与质量的双重提升。具体而言，房地产市场化改革通过建立和实施一系列市场化制度安排，如土地招拍挂制度、商品房预售制度、住房信贷制度、公积金制度、房产中介与服务制度、交易和产权制度等，一方面推动房地产市场规模不断发展壮大，进而通过产业联动、要素融合、融资激励三大效应拉动地区经济持续增长，在这一过程中，金融发挥的作用呈边际递减趋势。另一方面房地产市场化改革能够显著增强房地产市场资源配置能力，通过人力资本提升、创新投入强化、高新技术产业集聚三大传导机制提升地区全要素生产率，推动经济实现高质量发展，最终目标是促进房地产业健康发展与良性循环。

第四，论证建立了房地产市场化测度模型。为有效避免单一测度指标的不足，本书借鉴樊纲、王小鲁等①学者构建的市场化指数测度框架，结合中国房地产市场的自身特点②，同时考虑到预售制、库存积压、房企转型等房地产领域新趋势、新动向，构建包括房地产市场与政府的关系、房地产要素市场发育程度、房地产市场非国有经济发展水平、商品房市场发育程度，以及房地产市场中介组织发育和法律制度环境五方面共 20 个基础指标的房地产市场化测度指标体系，运用熵权TOPSIS 法计算得到全国总体水平，借助纵横向拉开档次法和定基功效系数法完成省际市场化指数的科学评价，为后续研究者判断和评价房地产市场扭曲程度或资源配置状况的优劣提供一个可供借鉴的理论方案，具有一定的理论价值和现实价值。

---

① 樊纲，王小鲁，马光荣. 中国市场化进程对经济增长的贡献 [J]. 经济研究，2011，46（9）：4-16；王小鲁，胡李鹏，樊纲. 中国分省份市场化指数报告 [M]. 北京：社会科学文献出版社，2021：220-240.

② 倪鹏飞，白雨石. 中国城市房地产市场化测度研究 [J]. 财贸经济，2007（6）：85-90，116，129.

第二章

国内外研究现状

为突出本书的研究意义，实现本书的研究目标，我们有必要首先对当前国内外的相关文献进行适当的梳理和总结，以挖掘现有研究的独到价值，并客观指出其不足与欠缺，为本书后续研究提供有益借鉴。具体而言，本章从市场化的内涵、本质、动力与测度，土地市场化与房地产市场化效应探讨，房地产业与宏观经济互动关系三方面展开。

第一节　关于市场化的内涵、本质、
动力与测度的研究

一、市场化的内涵与外延

对于市场化的理论含义，当前学者们看法比较统一，大都认为市场化就是指资源由计划配置向市场配置的转化过程。① 但不同学者分析的

---

① 吴林军. 中国经济市场化进程测度研究综述 [J]. 经济纵横，2003 (9)：52-56；
倪鹏飞，白雨石. 中国城市房地产市场化测度研究 [J]. 财贸经济，2007 (6)：
85-90，116，129.

角度略有差异，具体包括"体制转轨说"①"政府放松管制说""市场机制作用说"②"交易说"③ 等。近年来，张曙光教授从市场和市场经济自身内含的法律体系、制度规则、道德基础和文化理念等内涵要素出发，提出了"现代化即市场化"的观点④，具有一定启发意义。以上说法中，体制转轨说、市场机制作用说是目前学术界比较流行和普遍的观点。不过也有学者指出，以往对于市场化内涵的界定，过于从国家宏观视角给出解释，而忽视了企业内部的市场化问题，宏微观结合的市场化才是真正一般意义的市场化⑤。

二、市场化进程的测度与衡量

对于转型国家经济市场化的衡量需要一个系统指标，迄今，国外机构如欧洲复兴开发银行、世界银行、美国传统基金会、加拿大弗雷泽研究所等⑥，国内研究团队如卢中原和胡鞍钢⑦、孙晓华和李明珊⑧、王

---

① 常修泽，高明华 . 中国国民经济市场化的推进程度及发展思路［J］. 经济研究，1998（11）：49-56；黄少安，文丰安 . 中国经济社会转型中的土地问题［J］. 改革，2018（11）：5-15.

② 陈宗胜，吴浙，谢思全，等 . 中国经济体制市场化进程研究［M］. 上海：上海人民出版社，1999；樊纲，王小鲁，马光荣 . 中国市场化进程对经济增长的贡献［J］. 经济研究，2011，46（9）：4-16.

③ 盛洪 . 关于中国市场化改革的过渡过程的研究［J］. 经济研究，1996（1）：69-81；张曙光，赵农 . 市场化及其测度——兼评《中国经济体制市场化进程研究》［J］. 经济研究，2000（10）：73-77.

④ 张曙光 . 分工、交易和市场化［J］. 南方经济，2014（11）：93-99.

⑤ 贡秋扎西，平措达吉，张春雷 . 改革开放以来我国市场化的研究——一个交易视角的文献综述［J］. 西藏大学学报（社会科学版），2016，31（2）：185-195.

⑥ 樊纲，王小鲁，马光荣 . 中国市场化进程对经济增长的贡献［J］. 经济研究，2011，46（9）：4-16.

⑦ 卢中原，胡鞍钢 . 市场化改革对我国经济运行的影响［J］. 经济研究，1993（12）：49-55.

⑧ 孙晓华，李明珊 . 我国市场化进程的地区差异：2001—2011 年［J］. 改革，2014（6）：59-66.

小鲁等①分别从各自角度提出了相对完善的指标测度体系和模型构建方法（具体如表2-1所示）。

表2-1 国内外关于市场化进程的测度

研究机构/团队	市场化测度体系
欧洲复兴开发银行（EBRD）（1995）	改革进展指数（Reform Progress Index）集中在经济自由化和制度创新的关键领域
世界银行关于经济转轨的报告（1996）	涉及四个领域，即自由化、财产权和私有化、机构以及社会政策
美国传统基金会（2001）	从十个方面对经济自由度进行衡量，即贸易政策、税收、政府的经济干预、货币政策、资本流动及外资政策、金融、工资及物价控制、产权、规制以及黑市
加拿大弗雷泽研究所（2002）	从七个领域进行考察，即政府的规模、经济机构与市场运用、货币政策与价格的稳定性、使用不同通货的自由、法律结构与私有权的保证、对外贸易的自由、资本市场中交换的自由
卢中原、胡鞍钢（1993）	主要从投资、价格、生产、商业四方面进行评价
江晓薇、宋红旭等（1995）	主要选取了企业自由度、国内开放度、对外开放度和宏观调控度等方面，共28个指标
常修泽、高明华（1998）	主要选取产品、要素、企业、政府的市场化和经济的国际化五大类指标
顾海兵（1997）	主要通过对劳动力、资金、生产、价格的市场化程度分析，考虑到我国庞大的政府机构对经济生活的干预等，预测中国经济市场化程度
陈宗胜等（1999）	主要从构成市场经济运行基础的经济体制出发，着眼于经济体制的最主要构成部分：企业、政府、市场三方面

① 王小鲁，胡李鹏，樊纲. 中国分省份市场化指数报告［M］. 北京：社会科学文献出版社，2021.

研究机构/团队	市场化测度体系
北师大指数（2003）	主要包括政府作用问题、企业权利与行为问题、投入要素的成本与价格问题、贸易问题和金融参数问题五方面，共31个指标
李晓西（2003）	主要包括经济主体自由化、政府行为规范化、生产要素市场化、贸易环境公平化、金融参数合理化五方面，33个细分指标
张宗益、康继军等（2006）	主要包括政府与市场的关系、非国有经济的发展、产品市场的发育程度等四方面，共19个指标
董晓宇、郝灵艳（2010）	以北京师范大学市场化指数为基础，构建包括政府的合理规模和行为规范化、企业的多元所有制和主体自由化、市场的完备体系和交易公平化三大类，共20个指标
孙晓华、李明珊（2014）	包括政府行为规范化、经济主体自由化、要素资源市场化、产品市场公平化、市场制度完善化五方面共16个基础指标
赵文军、于津平（2014）	包括经济非国有化、要素市场发育、产品市场发育、政府干预减少、经济法律健全程度五个方面共23个基础指标
樊纲、王小鲁等（2011，2019，2021）	包括政府与市场的关系、要素市场的发育程度、非国有经济的发展、产品市场的发育程度以及市场中介组织发育和法律制度环境五方面内容，共23个指标（后续有调整）

资料来源：在杨晓猛（2006）研究成果基础进行了补充和完善。

　　综合而言，以樊纲、王小鲁等学者为代表编制的市场化指数以2001年为基期，综合度量了1997年以来全国及各省区市的市场化水平，且易于进行横向和纵向交叉对比，这套指数沿用至今，在学术界业已取得了比较广泛的认可和接受。[1] 关于市场化的衡量标准，目前主要

---

[1] 孔令池. 制度环境、企业家精神与高技术产业集聚 [J]. 中国经济问题，2020（2）：16-29.

分为绝对标准论、相对标准论和折中论三种。① 其中，相对标准论是现阶段的主流观点，原因在于迄今为止经济学理论和实践无法给出一个百分之百市场化的模式和范例，因此想以一个"纯粹的"市场经济为参照来衡量市场化的绝对程度绝非明智行为，反而容易忽略市场化内涵的动态性和经济体的异质性。

三、金融市场化研究进展

金融市场化脱胎于经济市场化，多数学者将金融市场化等同于金融自由化②，认为它是一个国家的金融部门运行由政府管制转变为由市场力量决定的过程，具体包括对限制金融体系的现行法令、规则、条例及行政管制予以取消或放松等内容③，其中，利率市场化和汇率市场化是金融市场化的重要组成部分④。金融市场化所带来的金融监管与金融理念的创新，将会从根本上改变经济主体的金融选择范围，从而极大地改变货币政策，影响实体经济的方式和路径。

在构建金融市场化评价指标体系时，国内外学者存在较大分歧（详见表2-2），一般选用利率管制放松程度、外汇市场自由度、银行产权多元化、准入壁垒、信贷和准备金监管、证券市场发展、业务自由、融资规模等7至9个指标。指标赋值方面，二元、三元累积赋值法使用频次最多，且大多数学者选用主成分分析法、等权重法、熵值法、层次分析法作为指标权重的计算方法。然而，基于种种方法计算得出的金融

---

① 吴林军. 中国经济市场化进程测度研究综述 [J]. 经济纵横，2003（9）：52-56.

② 周业安，赵坚毅. 市场化、经济结构变迁和政府经济结构政策转型——中国经验 [J]. 管理世界，2004（5）：9-17，155.

③ 庄晓玖. 中国金融市场化指数的构建 [J]. 金融研究，2007（11）：180-190.

④ 刘金山，何炜. 我国利率市场化进程测度：观照发达国家 [J]. 改革，2014（10）：20-27；丁志杰，严灏，丁玥. 人民币汇率市场化改革四十年：进程、经验与展望 [J]. 管理世界，2018，34（10）：24-32，231.

市场化测度结果难以统一，不同研究结果之间差异和分歧较为明显，有待后续研究继续深入探讨。

目前，金融市场化的前沿方向主要集中于利率市场化、汇率市场化的内涵、度量、影响效应等方面。利率市场化的理论基础主要是罗纳德·麦金农（Ronald I. Mckinnon）和爱德华·肖（Edward S. Shaw）的"金融抑制理论"和"金融深化理论"，中国的利率市场化改革一般认为始于1996年6月1日央行放开银行间同业拆借利率①。近年来，学者们主要关注的是利率市场化对商业银行经营管理、企业资产负债的影响，如吴成颂、郭开春、邵许生②、项后军等③、蒋海、张小林、陈创练④研究了利率市场化对银行信贷配置效率、管理风险的影响，后者还分析了商业银行的资本缓冲行为；郑曼妮等⑤、陈胜蓝等⑥分析了利率市场化对企业过度负债、融资难易度及商业信用的影响。汇率市场化方面，学术界主要聚焦于汇率和利率市场化联合推进的政策选择⑦、资本账户开放的潜在风险⑧以及系统性金融风险的防范测度等前沿问题。

---

① 周小川. 深化金融体制改革 [J]. 中国金融, 2015 (22): 9-12.
② 吴成颂, 郭开春, 邵许生. 利率市场化、外部环境与银行信贷配置和风险——基于40家城市商业银行的实证检验与分析 [J]. 当代经济管理, 2017, 39 (8): 76-84.
③ 项后军, 李丽雯, 陈昕朋. 宽松性刺激政策、利率市场化与银行风险承担渠道 [J]. 金融经济学研究, 2018, 33 (3): 3-14.
④ 蒋海, 张小林, 陈创练. 利率市场化进程中商业银行的资本缓冲行为 [J]. 中国工业经济, 2018 (11): 61-78.
⑤ 郑曼妮, 黎文靖, 柳建华. 利率市场化与过度负债企业降杠杆: 资本结构动态调整视角 [J]. 世界经济, 2018, 41 (8): 149-170.
⑥ 陈胜蓝, 马慧. 贷款可获得性与公司商业信用——中国利率市场化改革的准自然实验证据 [J]. 管理世界, 2018, 34 (11): 108-120, 149.
⑦ 肖卫国, 陈宇, 张晨冉. 利率和汇率市场化改革协同推进的宏观经济效应 [J]. 国际贸易问题, 2015 (8): 156-167.
⑧ 胡小文, 章上峰. 利率市场化、汇率制度改革与资本账户开放顺序安排——基于NOEM-DSGE模型的模拟 [J]. 国际金融研究, 2015 (11): 14-23.

表 2-2 国内外关于金融市场化的测度

研究机构/团队	市场化测度体系
Bandiea et al.（2000）	包括利率管制程度、外汇储备要求程度、指令性贷款、银行产权私有化、激励竞争的手段、证券市场自由化、审慎性监管、国际金融自由化等
Kaminsky et al.（2001）	侧重从信贷和股市的周期变化进行测度分析
Laeven（2002）	包括存、贷款利率管制，减少境内外银行准入壁垒，外汇储备要求减少，指令性贷款及贷款限额减少，减少以政府控制为特征的国有银行私有化，审慎性监管的加强等
Koo，Maeng（2005）	包括放松利率管制、外汇市场自由化、外汇储备要求减少、政策性贷款减少、新银行进入、资本市场自由化、国有银行私有化等
周业安等（2005）	包括利率市场化程度、外汇储备需求程度、信贷自主权维护程度、机构准入自由程度、商业性金融机构产权多元化程度、业务范围自由程度、资本自由流动程度、社会融资市场化程度、金融调控间接化程度等
Abiad et al.（2010）	包括信贷控制和法定准备金要求、利率管制、银行业进入壁垒、银行业私有化程度、资本账户管制、银行业审慎监管、对证券市场的政策7个维度
汪昌云，钟腾等（2014）	在樊纲等（2011）测算的金融业市场化指标（金融业竞争、信贷资金分配市场化）基础上，增加国有商业银行的网点数、农村信用社的资金外流规模2个指标
查华超，裴平（2016）	包括国内金融组织与业务市场化、国内金融市场发展、金融国际化三个层面，共16个分项指标
司登奎，李小林等（2022）	包括利率市场化、汇率市场化、资本账户开放三个层次，共6个细分指标

资料来源：作者自行整理。

第二节 关于土地市场化与房地产 市场化测度与效应的研究

一、土地市场化进程、测度与效应

我国的土地类型大致可分为三种：农用地、建设用地和未利用地。农用地，顾名思义，主要是农业生产专门用地，具体包括耕地、园地、林地等；建设用地指建造建筑物、构筑物的土地，具体包括商业、工矿、仓储、公用设施、住宅、交通用地等；其余是未利用地。[①]

土地资源是房地产市场的基本要素资源，其市场化改革是我国社会主义市场经济体制改革进程中的重要组成部分。[②] 我国土地资源配置机制实现计划向市场转轨的标志是 1987 年深圳市进行的全国首次土地使用权公开拍卖。自此以后，我国才正式形成土地市场[③]，市场机制开始发挥作用。1999 年 1 月，原国土资源部下发《关于进一步推行招标拍卖出让国有土地使用权的通知》，标志着土地出让市场化改革进入全面加速时期。谭荣教授认为，改革开放至今，中国土地市场化改革基本形成了"4+1+1"体系："4"指的是 4 个正式市场，包括农地流转市场、土地征收"市场"、国有一级和二级市场；两个"1"分别是指 1 个灰

---

① 侯惠杰，张程．农村土地市场化改革：现状与对策［J］．公共财政研究，2019（1）：52-58+90.

② 王青，陈志刚，叶依广，等．中国土地市场化进程的时空特征分析［J］．资源科学，2007（1）：43-47；DU J，TILL J C，PISER R B，et al. Urban Land Market and Land-Use Changes in Post-Reform China：A Case Study of Beijing［J］．Landscape and Urban Planning，2014，124：118-128.

③ 李明月．我国城市土地资源配置的市场化研究［D］．武汉：华中农业大学，2003.

色市场和 1 个明令禁止的市场，即宅基地在农村内部的流转市场和农村集体建设用地直接流向城市①。近年来，后者成为土地市场化改革的重点和突破口，进入 2020 年随着《中华人民共和国土地管理法》实施生效，国务院印发《关于授权和委托用地审批权的决定》、自然资源部随之发布《中华人民共和国土地管理法实施条例（修订草案）》等政策文件，用意在于积极推动农村集体经营性建设用地入市、优化建设用地审批制度，以促成不同产业用地类型合理转换，不断盘活城乡存量土地和低效用地，激发市场活力。

目前，学术界关于土地市场化的测度指标主要有比例法和权重法两种。比例法常用指标为招拍挂出让土地宗数（面积）/土地出让总宗数（面积），或招拍挂出让土地宗数（面积）/土地供应总宗数（面积）；权重法则是将政府干预土地出让，致使土地价格偏离价值的程度作为权重纳入计算过程②。前者更为直观，后者是一种新的尝试，精确度有待进一步检验。实证研究方面。起初，学者们主要关注的是土地市场化进程受土地财政依赖的制约和影响，认为在现行行政考核和财税体制下，地方政府对土地财政的依赖会诱使地方政府滥用征地权，从而阻碍土地市场化改革③的深入。近年来，学者们逐渐将目光转向宏观经济领域，

---

① 谭荣．集体建设用地市场化进程：现实选择与理论思考［J］．中国土地科学，2018，32（8）：1-8.

② 王岳龙．土地招拍挂制度在多大程度上提升了房价？——基于"8.31 大限"的干预分析模型研究［J］．财贸研究，2012，23（3）：31-39；牟燕，钱忠好．地方政府土地财政依赖一定会推高城市一级土地市场化水平吗？——基于 2003—2015 年中国省级面板数据的检验［J］．中国土地科学，2018，32（10）：8-13，35.

③ 包括农地非农化市场化改革。

重点研究土地市场化与房价[①]、城乡居民收入差距[②]、工业用地规模与结构[③]、资源错配[④]、经济增长[⑤]等宏观经济变量之间的因果关系，试图对土地要素影响宏观经济格局提出全新的理论分析框架和实证研究思路。

二、房地产市场化的测度指标和衡量体系

房地产市场化研究所涉及的根本问题也是政府与市场的作用和边界问题。曹振良教授等最早提出中国房地产市场化的基本分析框架，具体包含产权—交易—价格—金融—投资—土地—收入七个维度，并以此为基础，测度了1986—1995年中国房地产市场化的总体水平[⑥]。陈浮、王良健在此基础上增加了"房地产业开放度"，将市场化分析框架扩展为八个维度[⑦]。樊雪志、董继华则是从城镇居民购房数量、住房自有化率、人均住房面积、二套购房者职业四个角度进行了测度[⑧]。倪鹏飞、

① 张辽，杨成林. 土地市场化改革平抑了房价波动吗——来自中国的经验证据 [J]. 经济学家，2015 (12)：34-41.

② 高波，樊学瑞，王辉龙. 土地市场化能改善城乡收入差距？——来自中国232个地级及以上城市的经验证据 [J]. 华东师范大学学报（哲学社会科学版），2019，51 (1)：140-149，174-175.

③ 张琳，黎小明，刘冰洁，等. 土地要素市场化配置能否促进工业结构优化？——基于微观土地交易数据的分析 [J]. 中国土地科学，2018，32 (6)：23-31.

④ 张少辉，余泳泽. 土地出让、资源错配与全要素生产率 [J]. 财经研究，2019，45 (2)：73-85.

⑤ 徐升艳，陈杰，赵刚. 土地出让市场化如何促进经济增长 [J]. 中国工业经济，2018 (3)：44-61.

⑥ 曹振良，傅十和. 中国房地产市场化测度研究 [J]. 中国房地产，1998 (7)：13-22.

⑦ 陈浮，王良健. 中国房地产市场化区域差异与发展战略研究 [J]. 财经理论与实践，2000 (3)：104-107.

⑧ 樊雪志，董继华. 中国城镇居民住房市场化改革的实证分析 [J]. 经济理论与经济管理，2007 (5)：33-36.

白雨石以政府与市场关系为逻辑主线，尝试建立房地产市场化"4×7"矩阵分析框架①和指标体系（其中，一级指标 4 项，二级指标 11 项，三级指标 57 项），对中国 35 个城市的房地产市场化程度进行了全面测度②。后来学者如黄书雷沿用了曹振良教授提出的市场化评价体系③，程伟亚在借鉴前人研究成果基础上，围绕房地产市场化特征，提出土地市场、金融市场、房屋市场三方面共 13 个指标的房地产市场化测度体系。④ 权重确定方面，以往研究大多采用算术平均数、专家打分法、熵值法等。

三、房地产市场化过度与住房不平等问题

改革开放以来，学术界关于住房的过度市场化与市场化不足的争论共出现过两次。第一次是 2006 年前后，原因是 1998 年，尤其是 2003 年后我国城市房价普遍过快上涨，且居高不下，调控政策失效以至出现"蜗居""房奴"等社会现象⑤。当时理论界对住房市场化改革前后的巨大落差展开争论，易宪容认为，当时的房地产市场化表现为两个极端，即商品的市场化和土地、资金、劳动力等要素的非市场化⑥。另一种观点认为，住房问题关系民生大计，住房改革不能过分强调其市场化

---

① 这里的"4"主要指房地产市场化测度的四个维度，即市场体系、诉讼保障、政府规制、政府参与；"7"主要指 7 大房地产细分市场，分别为人力资源市场、金融资本市场、土地交易市场、商品房交易市场、商品房租赁市场、中介服务市场、物业管理市场。

② 倪鹏飞，白雨石 . 中国城市房地产市场化测度研究 ［J］. 财贸经济，2007（6）：85-90，116，129.

③ 黄书雷 . 房地产市场化程度与市场热度研究 ［D］. 昆明：云南财经大学，2009.

④ 程伟亚. 房地产市场化水平测度及健康发展研究 ［D］. 济南：山东师范大学，2016.

⑤ 吴莲 . 从房地产失控看过度市场化的危害 ［J］. 马克思主义研究，2007（2）：32-36.

⑥ 易宪容 ."房地产化"经济的转型与房地产长效机制的确立 ［J］. 探索与争鸣，2017（8）：108-114.

倾向，应当坚持其保民生的基本属性，重塑住房建设体系①。第二次争论是在 2018 年前后，背景是宏观经济下行趋势显著、人口红利逐渐消失、住房供给侧改革提上日程等。一种观点认为，中国城镇住房制度全面改革二十年来，市场化成效很大，但市场化进程只完成了一半，当前城镇住房诸多问题的根源是市场化不够，而非市场化过度②。顾云昌也强调，当前的住房发展不是终点，而是另一个角度的起点③。

　　近年来，随着城市房价的不断上涨、住房市场供需矛盾的日益突出，社会学领域的学者们更多地将关注焦点放在中国城乡居民的住房分配和住房不平等问题上。他们将住房的社会分化现象视为当前中国社会利益分化的一个重要维度④。主要研究方向分两类：一是研究探索中国住房不平等现象的原因，例如，胡蓉分析了市场化改革对住房分配机制和住房不平等现象的影响⑤；魏万青等分析了制度变迁与城市居民住房不平等的演化特征，并进一步指出，住房不平等不仅是职业不平等的结果，更是社会分层与财富分化的核心问题⑥；谌鸿燕分析了父代住房支

---

①　张敦福. 住房的过度市场化及其社会后果——从《论住宅问题》看城市中下层民众的住房消费［J］. 兰州大学学报（社会科学版），2010，38（4）：106-113；DENG L，SHEN Q，WANG L. The Emerging Housing Policy Framework in China［J］. Journal of Planning Literature，2011，26（2）：168-183.

②　陈杰. 住房改革 20 年：市场化进程只完成了一半［EB/OL］. 三联生活周刊，2018-02-03.

③　顾云昌. 未来数十年 房地产仍是经济重要支柱产业［EB/OL］. 金融界，2018-11-12.

④　方长春. 住房不平等与劳动力市场间的弱关联性［J］. 江苏社会科学，2019（2）：73-80.

⑤　胡蓉. 市场化转型下的住房不平等——基于 CGSS2006 调查数据［J］. 社会，2012，32（1）：126-151.

⑥　魏万青，高伟. 经济发展特征、住房不平等与生活机会［J］. 社会学研究，2020，35（4）：81-103，243.

持的代际累积差异引发的子代住房不平等问题①；卢云鹤、万海远分析了公积金制度对中国住房不平等的影响②，方长春尝试从劳动力市场寻求证据③。二是深入分析住房不平等现象的内在实质，即住房权利的不平等、空间的不平等和财富的不平等④。

第三节　关于房地产业与宏观经济互动关系的研究

一、房地产业与经济增长的关系

目前，学者们普遍认为，房地产与宏观经济之间存在双向因果关系⑤。一方面，房地产市场的供需矛盾变动和周期性波动深深影响着宏观经济稳定和宏观经济的可持续性；另一方面，宏观经济形势和宏观经济政策走向对房地产市场可持续发展也有举足轻重的作用。尤其在美国

---

① 谌鸿燕. 代际累积与子代住房资源获得的不平等——基于广州的个案分析 [J]. 社会，2017，37（4）：119-142.

② 卢云鹤，万海远. 住房公积金制度的收入分配效应 [J]. 经济学（季刊），2020，20（5）：87-106.

③ 方长春. 住房不平等与劳动力市场间的弱关联性 [J]. 江苏社会科学，2019（2）：73-80.

④ WANG Y P，MURIE A . The New Affordable and Social Housing Provision System in China：Implications for Comparative Housing Studies [J]. International Journal of Housing Policy，2011，11（3）：237-254；潘静，杨扬. 城市家庭住房不平等：户籍、禀赋还是城市特征？——基于广义有序模型与 Oaxaca-Blinder 分解 [J]. 贵州财经大学学报，2020（6）：64-74.

⑤ 原鹏飞，冯蕾. 经济增长、收入分配与贫富分化——基于 DCGE 模型的房地产价格上涨效应研究 [J]. 经济研究，2014，49（9）：77-90.

次贷危机之后，房地产被重新纳入宏观经济分析的基本框架之中①，无论是学术界还是政策制定者都高度重视房地产市场的波动根源及其相关问题研究②。

学者们大多进一步地认为，房地产业与经济增长呈倒"U"形关系。库兹涅茨（Simon Smith Kuznets）首先提出了倒"U"形理论③，伯恩斯（Leland S. Burns）和格雷布勒（Leo Grebler）将这一理论引入房地产领域，论证提出了类似假说，即住宅投资与国内生产总值之比会随着人均国内生产总值不断增长而呈现倒"U"形，随后这一假说逐渐得到各国数据验证。④ 国内曹振良教授等最早提出，房地产业作为国民经济支柱产业的相对性和房地产业发展的倒"U"形曲线。他认为，房地产业作为国民经济支柱产业的地位是相对的，只存在于一个国家经济开始发展到经济发展成熟以后的一段时期内；当一个国家处于经济开始发展阶段时，房地产业增长速度高于人均 GDP，但当超过一定限度后，房地产业发展速度开始放缓，直至与人均 GDP 同速或低于其速度。⑤ 在此基础上，王重润、张超进一步发现，我国整体（包括东部沿海地区）的房地产业发展已到达倒"U"形曲线的拐点，而中西部房地产市

① SVENSSON L E O. Cost-Benefit Analysis of Leaning Against the Wind [J]. Journal of Monetary Economics, 2017, 90: 193-213; CUADRA G, NUGUER V. Risky Banks and Macro-Prudential Policy for Emerging Economies [J]. Review of Economic Dynamics, 2018, 30: 125-144.

② 翟乃森. 房地产市场的繁荣与萧条: 宏观经济层面研究进展与争议 [J]. 当代经济管理, 2019, 41 (6): 9-16.

③ KUZNETS S. Economic Growth and Income Inequality [J]. American Economic Review, 1955, 45 (1): 1-28.

④ BURNS L S, GREBLER L. The Housing of Nations [J]. Palgrave Macmillan UK, 1977: 13.

⑤ 曹振良，等. 房地产经济学通论 [M]. 北京: 北京大学出版社, 2003: 215-231.

场与经济增长呈现显著的正相关关系，尚未到达拐点。①

关于房地产业在国民经济中的地位与作用，学术界存在一个著名的"夜壶理论"，具体含义是，当地方财政困难、经济持续低迷时，房地产业通常被寄予厚望，政府通过一系列刺激或松绑措施，能够迅速扭转经济颓势，拉动内需，扩大就业，从而改善民生，与此同时带来的极端后果是房价畸高、财富分化、社会预期固化、炒房投机盛行②，实体企业发展动力不足，因此对房地产业的批评往往甚嚣尘上，弃之如敝屣，周而复始。总而言之，发展房地产业虽利弊杂陈，但短期内仍不可或缺。地产商冯仑最早提出这一理论，以此说明房地产业的复杂地位与特殊属性。

二、房地产业发展与经济"脱实向虚"的关系

前些年，宏观经济"脱实向虚"问题引起社会广泛关注。一方面，随着我国步入工业化阶段后期，受人力资本、工资收入水平、国际分工格局等综合条件制约，实体经济转型升级难度不断加大，制造业面临结构性失衡，以及产能过剩等问题③，实体经济投资回报率随之下降，增速下滑；另一方面，受货币政策宽松等影响，金融业和房地产业持续扩张，呈现交替繁荣景象④，房价持续上涨，助推大量金融资源涌入房地

---

① 王重润，张超 . 房价波动及其宏观经济效应研究［M］. 北京：经济管理出版社，2013：187-211.

② MIAO J, WANG P, ZHOU J. Asset Bubbles and Foreign Interest Rate Shocks［J］. Review of Economic Dynamics, 2022, 44：315-348.

③ 余泳泽，张少辉 . 城市房价、限购政策与技术创新［J］. 中国工业经济，2017（6）：98-116.

④ 彭俞超，倪骁然，沈吉 . 企业"脱实向虚"与金融市场稳定——基于股价崩盘风险的视角［J］. 经济研究，2018，53（10）：50-66.

产行业①，导致实体经济融资成本进一步上升。

目前，关于房地产与实体经济的文献主要分为两类：第一类是以金融发展为第一视角，在探讨金融市场与实体经济互动关系时，兼论房地产在其中所起的作用。黄群慧②采用部门观的界定方法，将金融与房地产业划归为广义"虚拟经济"的范畴。他认为，"虚拟经济"以金融为核心，之所以把房地产业归入虚拟经济，主要是因为其越来越呈现出的金融衍生品属性特征。刘志彪③、孟宪春、张屹山等④认为，中国经济"脱实向虚"的根源在于虚拟经济发展不足，金融市场受到抑制，难以为市场主体提供更多的投融资选择，而房地产相对其他金融资产而言，具有收益高、稳定性高、准入门槛低等特点，故而引发社会疯狂投资房地产，最终导致资产价格泡沫化升高。近年来，微观层面的企业金融化问题越来越受到学者们的关注，他们认为，企业金融化是宏观经济"脱实向虚"的主要助推动力⑤，由于实体经济持续低迷，大量非金融企业更多地通过布局金融资产（包括跨行业投资房地产等）以规避经营风险、获取利润，企业的金融化程度越来越高⑥，实体经济有效投资呈现不断下降趋势，金融支持实体经济面临严峻挑战。

---

① 孟宪春，张屹山，李天宇. 有效调控房地产市场的最优宏观审慎政策与经济"脱虚向实"[J]. 中国工业经济，2018（6）：81-97.
② 黄群慧. 论新时期中国实体经济的发展［J］. 中国工业经济，2017（9）：5-24.
③ 刘志彪. 实体经济与虚拟经济互动关系的再思考［J］. 学习与探索，2015（9）：82-89.
④ 孟宪春，张屹山，李天宇. 有效调控房地产市场的最优宏观审慎政策与经济"脱虚向实"［J］. 中国工业经济，2018（6）：81-97.
⑤ 刘贯春，刘媛媛，张军. 经济政策不确定性与中国上市公司的资产组合配置——兼论实体企业的"金融化"趋势［J］. 经济学（季刊），2020，20（5）：65-86.
⑥ 李秋梅，梁权熙. 企业"脱实向虚"如何传染？——基于同群效应的视角［J］. 财经研究，2020，46（8）：140-155.

　　第二类文献，通常是选取房地产投资、房地产信贷①、房地产消费②、房价等变量来作为房地产市场的代理变量，间接探讨房地产与实体经济的辩证关系。彭俞超等③分析探讨了房地产投资结构与金融效率之间的关系，他们发现，当房地产投资占固定资产投资比重偏离其最优结构时，继续刺激房地产，增加其投资将对金融效率产生显著的抑制效应，从而削弱金融对实体经济的促进作用。关于房价上涨与实体经济的关系，当前，学者们普遍认为，其拉动效应与挤出效应同时存在。④ 一方面，房价上涨会拉动相关产业投资，实体经济投资随之上升；另一方面，房价上涨会抑制其他实体经济部门投资（如制造业等），从而挤出实体经济投资。许桂华等⑤、杜书云等⑥探讨了房价波动对金融服务实体经济效率的影响，他们发现房价上涨显著降低了金融支持实体经济效率。其空间效应表明，当临近省区房价上涨时，本省房价受到带动随之上涨，更多金融资源更有动机向房地产领域配置，从而削弱了金融支持实体经济效率的提高。此外，陈斌开、黄少安等⑦、罗双成、刘建江⑧、

① 况伟大. 房地产投资、房地产信贷与中国经济增长［J］. 经济理论与经济管理，2011（1）：59-68.

② 许宪春，贾海，李皎，等. 房地产经济对中国国民经济增长的作用研究［J］. 中国社会科学，2015（1）：84-101，204.

③ 彭俞超，黄娴静，沈吉. 房地产投资与金融效率——金融资源"脱实向虚"的地区差异［J］. 金融研究，2018（8）：51-68.

④ 郑东雅，皮建才，刘志彪. 中国的房价上涨与实体经济投资：拉动效应还是挤出效应？［J］. 金融评论，2019，11（4）：1-13，124.

⑤ 许桂华，彭俊华，戴伟. 房价波动、挤出效应与金融支持实体经济效率——基于省际空间面板的分析［J］. 财经科学，2017（8）：23-37.

⑥ 杜书云，田申. 房价波动对金融服务实体经济效率的影响——基于省域面板数据的空间计量分析［J］. 经济经纬，2020，37（3）：142-150.

⑦ 陈斌开，黄少安，欧阳涤非. 房地产价格上涨能推动经济增长吗？［J］. 经济学（季刊），2018，17（3）：1079-1102.

⑧ 罗双成，刘建江. 房价波动、经济增长与地区差距［J］. 经济问题探索，2018（7）：68-77.

郑骏川①等学者也选用房价作为房地产市场的代理变量进行相关研究。不可否认，房价问题是当前中国房地产市场的突出问题，房价涨跌一头连着生产和投资，一头牵着民生和消费，在畅通国内大循环、稳定产业链供应链等方面具有举足轻重的作用，而房地产投资、消费、信贷等关键变量也确实能够代表一定时期内房地产市场的波动和发展状况，同时上述变量又都存在一定的片面性，在实际分析中，各代理变量之间往往存在诸多矛盾之处，因而缺乏系统性和完整性。②

三、房地产业发展与金融支持的关系

房地产业本身属于资金密集型产业，天然地具有资金需求量大、投资生产周期长等特点，仅靠开发商自有资金难以实现行业的跨越式发展。③ 因此，房地产业与金融业密切相关，加杠杆发展成为普遍趋势。多年来，房价的快速攀升一度掩盖了金融机构内部及其相互之间的信贷风险和流动性风险④，短期内甚至给人"金融稳定性得到显著增强"的错觉。⑤ 但从历史上看，资产价格巨大波动和信贷过度繁荣常常被认为是金融危机的罪魁祸首。⑥ 例如，2007 年美国"次贷危机"、1999 年日本泡沫经济崩溃、1997 年东南亚金融危机以及我国海南房产泡沫等。

---

① 郑骏川. 住房价格波动对经济增长的影响——基于房产抵押效应与财富效应的视角 [J]. 技术经济与管理研究, 2018 (4)：98-103.

② 许宪春, 贾海, 李皎, 等. 房地产经济对中国国民经济增长的作用研究 [J]. 中国社会科学, 2015 (1)：84-101, 204.

③ 王重润, 张超. 房价波动及其宏观经济效应研究 [M]. 北京：经济管理出版社, 2013：287-298.

④ 张协奎, 代晓玲. 我国高房价与金融风险的关系分析——基于 VAR 模型 [J]. 价格月刊, 2018 (7)：7-14.

⑤ 沈悦, 郭培利. 收入、房价与金融稳定性——源自异质面板门槛模型的解析 [J]. 经济科学, 2015 (6)：38-50.

⑥ 黄静. 房价上涨与信贷扩张：基于金融加速器视角的实证分析 [J]. 中国软科学, 2010 (8)：61-69.

住房价格持续上涨意味着与长期均衡价值发生背离①，这将加大房地产泡沫化风险，一旦泡沫破灭，这类事件事先往往毫无征兆，会带来长期的经济衰退和社会危机。另外，房价下跌的危害也是极大的，极易引起金融风险的积聚。②

因此，金融支持与房地产业发展之间存在一个悖论③，即当金融支持乏力时，房地产业发展就变得缓慢甚至停滞不前；如果金融支持过度，房地产又会迅速累积泡沫，集聚风险。因此，只有金融支持适度时，二者才能产生良性互动，相得益彰。从理论上看，金融支持过度所产生的深层次原因主要是市场信息不对称和投资预期过旺，而金融支持过度下群体性投机行为将会愈演愈烈，最终戳破房地产泡沫，致使市场陷入长期低迷，难以摆脱。王柏杰、冯宗宪④以京津沪渝为例，论证发现我国房价高涨乃至泡沫的形成与金融过度支持密不可分，以京津沪地区为最，在此区域货币政策调控失去效力，说明其非理性泡沫严重。此外，库存太高也会造成房企资金链的断裂，并引发整个房地产市场的无序和混乱，危害巨大。⑤

① 谭政勋，陈铭. 房价波动与金融危机的国际经验证据：抵押效应还是偏离效应 [J]. 世界经济，2012，35（3）：146-159.
② 况伟大. 房价波动的可能影响 [J]. 人民论坛，2019（4）：84-85.
③ 周京奎. 信息不对称、信念与金融支持过度——房地产泡沫形成的一个博弈论分析 [J]. 财贸经济，2005（8）：3-9，96.
④ 王柏杰，冯宗宪. 金融支持过度、房地产价格泡沫和货币政策有效性——以京、津、沪、渝为例 [J]. 山西财经大学学报，2012，34（12）：48-57.
⑤ 向为民，王霜. 房地产"去库存"与对应取向 [J]. 改革，2016（6）：111-119.

第四节 总结性评析

综上所述，我们基本可以得到如下结论：①目前国内外关于市场化改革的理论研究日臻成熟，对于市场化改革的内涵与测度体系逐渐清晰明朗，为本书编制房地产市场化指数（RMI）提供了有效的借鉴和参考。②现阶段国内对房地产领域的市场化研究已经具备了一定基础，但近十年来缺乏跟进研究，迄今理论界还未形成一套比较成熟的"房地产市场化"测度理论和指标体系，因而对房地产市场资源配置效率、市场扭曲程度等问题无从着手。③目前已有的房地产市场化指数，从时间跨度上大致可分为两类：一类是对中国房地产市场化总体水平的测度；另一类是对中国某一省份或35个大中城市某一年度的市场化测度，还未有文献能够对1998年以来，中国各省区的房地产市场化相对水平和政策成效进行全面测度与分析。④房地产市场核心指标的变动从根本上是缘于改革开放以来的市场化探索与体制转型实践，既有文献大多从房价、投资、消费、信贷等视角出发探讨房地产与经济增长的关系，但至今少有文献从市场化改革的视角切入，详细剖析房地产市场制度变迁与地区经济增长之间的内在关系。

与以往的相关研究相比，本书主要在以下三方面进行拓展：第一，从理论层面对房地产市场化改革的内涵、特征、构成、驱动因素等理论概念进行科学界定和分析；在此基础上，深入探讨房地产市场化改革与地区经济增长，以及经济高质量发展的互动关系和作用机理，提出研究假设，搭建理论分析框架。第二，充分借鉴已有研究成果，尝试构建房地产市场化测度模型，采用更为科学的权重法，对全国整体和30个省区1999—2020年的房地产市场化水平进行综合评价，并总结其动态演

进规律和区域分布规律。第三，基于已有的房地产市场化指数，重点从
"数量"和"质量"两个层面对房地产市场化改革的经济增长效应进行
实证检验，并进行必要的门槛效应分析与机制检验分析，丰富和发展相
关理论与实践成果。

第三章

概念界定、理论基础与分析框架

搭建理论分析框架，梳理逻辑分析脉络，深入探讨房地产市场化改革驱动地区经济增长的作用机理与传导路径，是本书的核心内容之一。为此，本章内容具体划分如下：核心概念界定与辨析、房地产市场化改革的理论依据与内在机理分析、房地产市场化改革驱动地区经济增长的理论机制、本书的理论分析框架等。

第一节　核心概念界定与辨析

一、市场化改革的内涵界定

1978 年年末开启的市场化改革是中国经济发展进程中的关键抉择，给中国带来了举世瞩目的经济成就。① 四十多年来，市场化深刻地改变了中国经济的发展格局及其与域外经济的关联结构，为宏观经济高速增

---

①　胡永刚，石崇．扭曲、企业家精神与中国经济增长 ［J］．经济研究，2016，51（7）：87-101；王东京．中国经济体制改革的理论逻辑与实践逻辑 ［J］．管理世界，2018，34（4）：1-7.

长注入了强大活力，极大地改善了要素配置状况，提高了生产效率①。市场化作为一种从计划经济向市场经济过渡的体制改革，绝不仅是简单的几项规章制度的调整，而是涉及一系列重大制度的变革，包括经济、政治、文化、社会、法律等各方面，因此，称之为一次大规模的制度变迁过程也毫不为过②，其中，政府与市场的关系及其边界问题是市场化改革的核心问题。新古典主义经济理论认为，市场化还是一种以经济利益最大化为激励机制、旨在实现"物尽其用"的制度设计。③

综上所述，我们将"市场化"视为一个循序渐进的动态演化过程，具体表现为"一进一退、一增一减的两股力量此消彼长地变动趋势"，即市场机制在地区经济增长与高质量发展中对资源配置发挥的作用持续增大，政府干预逐渐由直接干预转为间接调控的过程。在此过程中，非国有制企业得到充分发展，劳动力、资本等要素资源的流动、利用和分配更多地受到市场力量的支配和指引，市场的交易规模逐年扩大、生产效率稳步提高、政府的不合理干预程度随之下降，经济对市场机制的依赖程度也随之不断加深。

二、房地产业与房地产市场的内涵界定

一般认为，房地产是房产与地产的统一体。④ 其中，地产具有相对独立的内在属性，既可与房产相结合而形成建筑物、构筑物及其他附属

---

① 樊纲，王小鲁，马光荣. 中国市场化进程对经济增长的贡献 [J]. 经济研究，2011，46（9）：4-16.

② 卢现祥，朱巧玲. 转型期我国市场化进程的多视角分析 [J]. 财贸经济，2006（10）：69-76，97.

③ 谭荣. 集体建设用地市场化进程：现实选择与理论思考 [J]. 中国土地科学，2018，32（8）：1-8.

④ 曹振良，等. 房地产经济学通论 [M]. 北京：北京大学出版社，2003：3-5.

物①，也可单独存在②，且具有永久性，但当土地作为一种自然物存在
时，其与房地产的核心内涵就存在一定的错位与偏差。因此，广义的房
地产包含了作为自然物的土地，以及土地之上的建筑物和其他附属物的
总和，狭义的房地产特指房地一体的建筑物及其附属的一切财产权利
（详细逻辑关系如图3-1所示）。

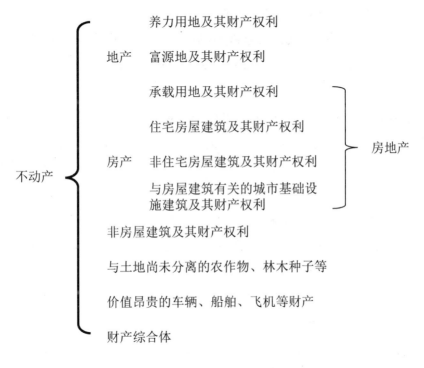

图3-1　房产、地产与房地产的逻辑关系

资料来源：曹振良．房地产经济学通论［M］．北京：北京大学出版社，2003：3-5.

　　房地产业属于产业划分的范畴。最早在1935年，经济学家费希尔

---

①　这里的"建筑物"主要指的是狭义的建筑物，即房屋，包括住房和其他非居住类房
　　屋；"构筑物"指的是道路、桥梁、隧道、水井等基础设施及其他。
②　李双久．房地产业与国民经济发展的国际比较研究［D］．长春：吉林大学，2007.

（Allan G. B. Fisher）在其所著的《安全与进步的冲突》一书中首次较为系统地阐述了"三次产业划分"的理念和思路，随后，英国经济学家科林·克拉克（Colin G Clark）、德国经济学家沃瑟·霍夫曼（Wa lther Gustav Hoffmann）等人相继提出更为详尽的产业分类方法，并被政府统计部门所采纳。1971年，联合国为解决当时各国在产业核算、划分、对比等方面存在的诸多混乱和差异问题，统一发布了《全部经济活动的国际标准产业分类索引》，首次明确房地产业的所属类别。① 参照此法，我国分别于1984、1994、2002、2011、2017和2019年制定并修改了《中华人民共和国国民经济行业分类和代码表》，对房地产业的定义、内涵、构成等进行了明确的界定，得到国际社会的广泛认可。根据2019年版的划分方法，房地产业隶属第三产业，具体包含房地产开发经营、物业管理、房地产中介服务、房地产租赁经营、其他房地产业共五个中类行业。当前，房地产业作为一个独立的产业部门，横跨生产、流通、消费、服务等多领域和环节，在国民经济中发挥着基础性、先导性和支柱性作用。② 应特别指出的是，房地产业与建筑业关系紧密，但彼此又存在较大差异，前者兼具投资、经营、管理、服务等多重属性，主要划归流通和服务部门，按第三产业进行统计核算，而后者是物质生产部门，属于第二产业和实体经济范畴，但在实际生活中，二者往往呈现合作和互补关系，均以房产和地产为经营和处置对象。我国在计划经济时期只有建筑业，几乎不存在房地产业。改革开放以后，随着土地和住房制度改革的深入，房地产业逐渐兴起。③

市场一般来说可分为有形市场和无形市场，主要是指商品、货物、

---

① 陈雪松. 房地产业与区域经济发展的关系分析 [D]. 广州：暨南大学，2009.
② 张洪力. 房地产经济学：第2版 [M]. 北京：机械工业出版社，2020：5-11.
③ 许宪春，贾海，李皎，等. 房地产经济对中国国民经济增长的作用研究 [J]. 中国社会科学，2015（1）：84-101，204.

服务、资源等交易的平台或场所。① 房地产市场，顾名思义，指的是从事房产和地产的出售（出让）、租赁、买卖、抵押、典当、互换、评估等交易活动的场所或领域②，具体可细分为土地出让市场、土地使用权流通市场、房产交易市场、房地产金融市场、房地产劳务市场、房地产中介服务市场、物业管理市场等。③ 与一般的商品市场相比，房地产市场具有地域差异大、开发周期长、供给弹性弱、信贷依赖性强、竞争不充分等特点。房地产市场是中国特色社会主义统一市场的重要组成部分。④ 按照关系远近不同，它与生产资料市场、消费品市场、金融信贷市场、产权市场、劳动力市场等密切相关，是实现国民经济产供销有效衔接的关键环节。

"房地产经济"的概念近年来被理论界广泛提及。它与房地产业、房地产市场等概念、内涵息息相关，主要是指围绕房地产开发、经营、投资、消费、交易、服务等环节而兴起和形成的一系列产业经济形态，按照许宪春、贾海等学者的观点，房地产经济主要包括开发投资活动、生产活动、消费活动三个细分领域，其中开发投资活动是房地产经济良性循环的起点和开端，生产活动包含了房地产业本身及其相关行业的生产活动，是房地产经济的中间环节，消费活动是最终目的和归宿，共同表征房地产对国民经济增长的贡献和作用。⑤

---

① MCCONNELL C R，BRUE S L，FLYNN S M. Economics：Principles，Problems，and Policies［M］. New York：McGraw-Hill Companies，1987.
② 雷泽珩. 噪音对中国房地产市场波动的影响研究［D］. 武汉：武汉大学，2018.
③ 赵明昊. 房地产开发投资的宏观效应研究［D］. 长春：吉林大学，2020.
④ 王广中. 社会学视域下中国房地产市场治理研究［D］. 武汉：武汉大学，2013.
⑤ 许宪春，贾海，李皎，等. 房地产经济对中国国民经济增长的作用研究［J］. 中国社会科学，2015（1）：84-101，204.

三、经济增长与高质量发展的内涵界定

关于经济增长的内涵，最早在 1776 年，亚当·斯密（Adam Smith）在其出版的《国民财富的性质和原因的研究》中就曾提及"一国国民每年的劳动，是他们每年消费的一切生活必需品和便利品的源泉"。因此，他认为，一国国民财富的增长主要来自劳动生产率的提高和劳动人口数量的变动，而前者取决于劳动分工的精细程度。此后如萨缪尔森（Samuelson）、库兹涅茨、刘易斯（William Arthur Lewis）等均对经济增长的内涵进行了界定和拓展，基本认同将人均产出或人均实际 GDP 的持续增长视为经济增长。一般认为，经济增长属于长期宏观经济问题，经济波动属于短期。

经济增长有数量和质量之分，早期的经济学研究更关注经济总量的增长，侧重于探讨劳动和资本要素在驱动经济增长过程中的替代作用。1956 年，美国经济学家罗伯特·索洛（Robert Merton Solow）首次提出著名的索洛增长模型，此后全要素生产率的核算问题得到学术界广泛重视，并将之与技术进步、效率改善、制度创新、规模经济、结构转换、人文环境等因素相关联[1]，产生了一大批具有开创意义的研究成果。目前，关于经济增长质量的内涵，学者们普遍认为，它是指经济增长发展到一定阶段后，出现的增长效率提高、结构优化、动力转换、稳定性增强、福利分配改善等积极变化和动态趋势[2]，注重衡量的是经济增长品质的优劣程度。

党的十九大以来，党中央提出"高质量发展"的目标和方向。很

---

[1] BARRO R J. Determinants of Economic Growth: A Cross-Country Empirical Study [J]. American Journal of Agricultural Economics, 2003, 85 (4): 1087-1088.

[2] 钞小静, 任保平. 中国经济增长质量的时序变化与地区差异分析 [J]. 经济研究, 2011, 46 (4): 26-40.

显然，相比较经济增长质量而言，经济高质量发展的内涵和外延更加丰富，基本涵盖了经济、社会、生态、环境等各方面。因此，现有研究中关于经济高质量发展的内涵界定，基本围绕创新、协调、绿色、开放、共享的新发展理念进行。[①] 因此，本书借鉴已有学者的研究成果，提出高质量发展首要是经济效率、经济质量、经济动力可以得到显著提升的发展，其次是经济增长数量须保持在一定水平以上，前者是灵魂和精髓，后者是基础条件，量和质相得益彰，缺一不可。目前，学术界关于高质量发展的测度方法主要有两种：一种是构建指标体系进行综合评价；另一种是采用全要素生产率指标进行衡量，二者各有优劣，难以取舍，本书主要采用后一种测度方法。

第二节　房地产市场化改革的理论依据与内在机理分析

一、有效市场与有为政府理论

（一）市场与政府互动关系的动态演进

市场就是指商品交换和货币流通的场所。[②] 从历史上看，早在西欧封建社会晚期，欧洲各国普遍实行重商主义政策，特别强调国家对经济生活的干预，奖励出口、限制进口以积累国民财富。这一学说虽有助于

[①] 金碚.关于"高质量发展"的经济学研究［J］.中国工业经济，2018（4）：5-18；高培勇，袁富华，胡怀国，等.高质量发展的动力、机制与治理［J］.经济研究，2020，55（4）：4-19.

[②] 宋津明，邹驯智，张高峰.作为哲学范畴的交换、商品、货币和市场［J］.上海大学学报（社会科学版），2000（4）：43-49.

进行早期资本原始积累，但严重束缚和制约了市场的培育和发展。于是，1776 年，英国古典经济学代表人物亚当·斯密最早在其所著的《国富论》中提出经济自由主义的理论学说和主张。其中，在第七章"论商品自然价格和市场价格"中，亚当·斯密深刻论述了交换、分工与市场的关系，并指出市场促进了专业化的分工，且决定了分工和交换的范围。但是，他将"市场"默认为一个不言自明的前提。他认为，市场是自发形成并自行运转的，无须任何外力干涉，此时的"市场"概念还比较笼统和抽象，随后边际主义代表人物瓦尔拉斯（Léon Walras）、门格尔（Carl Menger）、杰文斯（William Stanley Jevons）等不断将"市场"的概念具象化，指出"市场"是一种表现交换关系的社会经济形式。①1920 年、1922 年，奥地利学派代表人物米塞斯（Ludwig Heinrich Edler von Mises）相继发表《社会主义制度下的经济计算》《社会主义——经济学和社会学分析》等著作，论证阐述了自由市场、价格制度和私有产权在资源配置中的重要地位，指出中央计划经济体制失灵与低效的根源。20 世纪 40 年代以后，经济学家哈耶克（Friedrich August von Hayek）提出"自发秩序"（The principle of spontaneous order）的概念，他认为，自由市场体系是一种典型的自发秩序。他反对政府干预市场，但绝非无政府主义信奉者，他又强调了政府存在的必要性。②

马克思主义经典作家反对亚当·斯密提出的"分工源于人们天性中的交换倾向"的观点，他认为，是分工决定了交换，而非"交换决定分工"。市场是"流通领域本身的总表现"，从资本运动和价值创造

---

① 姚开建. 试论西方经济学中"市场"范畴的形成 [J]. 中国人民大学学报，1999（2）：23-26.

② HAYEK F. The Road to Serfdom [J]. Friedrich Von Hayek, 1945, 33 (3)：181-233；曾宪奎. 新自由主义市场机制是有效的制度安排吗？——对哈耶克自发—扩展秩序理论的批判 [J]. 马克思主义研究，2017 (2)：136-142.

的角度看，市场是商品经济运动中交换关系的总和。① 此外，马克思、恩格斯还深入论述了市场范围、市场规模、市场运行、市场机制等之间的内在关系。1917 年俄国十月革命的胜利，为马克思主义关于"市场"的理论学说提供了实践条件，苏联过渡时期的新经济政策允许市场和交换的部分存在，列宁认为市场是发展社会主义经济的助力器。② 但 20 世纪 20 年代末由斯大林建立起来的计划经济体制基本上否定了市场的存在，此举虽让苏联经济成功避过了 1929—1933 年世界范围内的大萧条，并在战后恢复和发展经济中发挥了重要作用，但也在实践中逐渐走向僵化，经济活力严重不足，米塞斯、哈耶克等学者早在 20 世纪 20 年代就预见了这种局面。社会主义中国在"三大改造"完成后最终选择走苏联道路，成功复制了苏联计划经济模式，一定程度上体现了集中力量办大事的积极作用。但毛泽东同志等第一代领导集体很早就开始对市场机制、商品经济、价值规律的理论进行探索，例如，20 世纪 50 年代末 60 年代初，党内就"大跃进"和"人民公社"化运动进行反思时曾提出"要尊重价值法则""价值法则是一个伟大的学校""必须利用价值规律为社会主义服务"等肯定商品交换、尊重市场规律的观点，但因种种原因致使这种有益理论探索未得到充分论述和实践。20 世纪 70 年代末至今，中国开启了全面的市场化改革③，逐渐引入市场机制，探索建立社会主义市场经济体制，充分发挥市场在资源配置中的决定性作用，以及更好地发挥政府的作用，指引改革开放不断向纵深推进（如表 3-1 所示）。

---

① 丁任重．马克思的市场理论概述［J］．四川大学学报（哲学社会科学版），1993（2）：10-18．

② 张新宁．有效市场和有为政府有机结合——破解"市场失灵"的中国方案［J］．上海经济研究，2021（1）：5-14．

③ 裴广一．论有效市场与有为政府：理论演进、历史经验和实践内涵［J］．甘肃社会科学，2021（6）：213-221．

一般认为，欧美国家的"市场"通常是经济体系自发演进的结果，而转轨国家中的"市场"则是政府主动培育和发展的结果。二者演化路径不同，表现自然就各有差异。相对而言，欧美国家的经济自由主义思潮更加盛行，也更加符合社会各阶层的行为规范和发展逻辑，但转轨国家的中国由于几千年来实行的集权思想根深蒂固，政府具有天然的权威和主导地位，因此中国市场化改革的逻辑主线就是不断为市场松绑和放权，政府由"全能型"向"效能型"和"服务型"转变。① 2020 年以来，中共中央、国务院连续印发《关于构建更加完善的要素市场化配置体制机制的意见》《关于新时代加快完善社会主义市场经济体制的意见》《关于加快建设全国统一大市场的意见》等改革的纲领性文件，也是意在于此。

表 3-1 历年中央文献关于"政府与市场关系"的论述梳理

时间节点	有关重要论述
党的十一届三中全会	提出"应该坚决实行按经济规律办事，重视价值规律的作用"
党的十二大报告	提出"正确贯彻计划经济为主、市场调节为辅的原则，是经济体制改革中的一个根本性问题"
党的十三大报告	将政府与市场的关系概括为"国家调节市场，市场引导企业"
党的十四大报告	提出"要使市场在社会主义国家宏观调控下对资源配置起基础性作用"
党的十五大报告	提出要使"市场在资源配置中的基础性作用明显增强，宏观调控体系的框架初步建立"

---

① 武力，张林鹏 . 改革开放 40 年政府、市场、社会关系的演变 [J]. 国家行政学院学报，2018（5）：30-38，188.

续表

时间节点	有关重要论述
党的十六届三中全会	提出要"更大程度地发挥市场在资源配置中的基础性作用，增强企业活力和竞争力，健全国家宏观调控，完善政府社会管理和公共服务职能"
党的十七大报告	提出"要深化对社会主义市场经济规律的认识，从制度上更好发挥市场在资源配置中的基础性作用，形成有利于科学发展的宏观调控体系"
党的十八届三中全会	提出"经济体制改革是全面深化改革的重点，核心问题是处理好政府和市场的关系，使市场在资源配置中起决定性作用和更好发挥政府作用"
党的十九大报告	提出"着力构建市场机制有效、微观主体有活力、宏观调控有度的经济体制"
党的十九届五中全会	提出"推动有效市场和有为政府更好结合"
党的十九届六中全会	提出"必须坚持和完善社会主义基本经济制度，使市场在资源配置中起决定性作用，更好发挥政府作用"

资料来源：根据历年中央文件整理而得。

（二）有效市场与有为政府理论的核心内容

有效市场的理论渊源最早可以追溯到 19 世纪末 20 世纪初，当时，法国数学家路易斯·巴舍利耶（Louis Bachelier）运用布朗运动原理分析股价波动规律和期权定价问题时发现，市场价格几乎能够反映过去、现在和未来贴现的所有信息，这成为有效市场假说的理论源泉。1965年，经济学家萨缪尔森[①]发表《合理预期价格随机波动的证据》《认股权定价的合理理论》两篇学术论文，论证检验了有效市场假说的合理性。最终在 1970 年美国芝加哥大学教授尤金·法玛（Eugene Fama）系统阐述了有效市场假说的概念内涵，他认为，有效市场就是通过价格信

---

① SAMUELSON P A. Proof That Properly Anticipated Prices Fluctuate Randomly, Industrial Management Review [J]. Patents Finance, 1965：234-239.

号机制使资源配置能够达到帕累托有效的市场制度安排。① 在有效市场中，大量理性、老练的市场参与者之间的充分竞争将使市场价格能够及时地反映所有相关和可用信息，进一步地，他将有效市场划分为"弱式有效市场""次强式有效市场"和"强式有效市场"三种形态。由资本证券市场推广到一般市场形态，市场有效就是指依靠市场机制，主要是价格机制能够大大加速资源的有效配置，这一点已经得到多数学者的广泛认同。

"有为政府"的概念目前争议较多，最初由林毅夫教授所提出。在新结构经济学理论体系中，"有为"与"乱为""无为"等概念相对应②，"有为"指的是当市场出现失灵时，为了使无效的市场变成有效的市场而采取的因势利导的行动，多见于软硬件基础设施建设、营商环境改善、基础科学研发、产业政策、区域政策制定、市场秩序、社会公平正义维护等关键领域③，根本目标在于积极有为地推动经济发展，持续改善民生福利。此外，还有学者从其他角度提出和界定"有为政府"。例如，陈云贤教授提出，有为政府应具备三个标准：第一，尊重市场规律、遵循市场规则；第二，维护经济秩序、有效调配资源；第三，积极参与区域竞争和国际竞争。④ 沈坤荣教授等认为，有为政府包括中央政府和地方政府的双层结构，前者拥有绝对的政治权威，后者拥有可控范围内的充分裁量权，彼此配合促成了中国经济控而不

---

① 王勇. 论有效市场与有为政府：新结构经济学视角下的产业政策 [J]. 学习与探索，2017（4）：2，100-104，175.

② 林毅夫. 论有为政府和有限政府 [EB/OL]. 第一财经网，2016-11-06.

③ 付才辉. 市场、政府与两极分化——一个新结构经济学视角下的不平等理论 [J]. 经济学（季刊），2017，16（1）：1-44；林毅夫. 新结构经济学 [M]. 北京：北京大学出版社，2019：12-18.

④ 陈云贤. 中国特色社会主义市场经济：有为政府+有效市场 [J]. 经济研究，2019，54（1）：4-19.

死、活而有序的良性博弈格局。① 国外学者，如斯蒂格利茨（Joseph Eugene Stiglitz）、布兰查德（Oliver Blanchard）、阿克尔洛夫（George A. Akerlof）、曼昆（N. Gregory Mankiw）、萨默斯（Lawrence Summers）等人也都积极主张政府合理干预经济的必要性。

理论上，"有效市场"与"有为政府"均是理想化概念，因为现实中市场并不总是有效的，只能无限趋近于有效，而政府也并非能做到事事符合市场规律，很容易出现"好心办坏事"的情况。因此，针对政府的乱为、无为、妄为等情况，应当通过积极的行政体制改革和持续的法治建设，制定权力清单，合理圈定政府职能范围②，明确管理事项与方式手段，确保政府有所为、有所不为、善作为同时做到不缺位，不越位，不错位。总而言之，有效市场与有为政府是一个硬币的两面，二者相伴共生，彼此互为前提，缺一不可。2020年10月，党的十九届五中全会在总结多年改革实践基础上，提出"坚持和完善社会主义基本经济制度，充分发挥市场在资源配置中的决定性作用，更好发挥政府作用，推动有效市场和有为政府更好结合"的最新论断，充分说明"有效市场"与"有为政府"理论已得到决策层高度重视。2022年3月，中共中央、国务院发布《关于加快建设全国统一大市场的意见》，其中，"有效市场"和"有为政府"进一步被确立为推进全国统一大市场建设的重要原则。

（三）有效市场与有为政府理论对房地产市场化改革的启示

通过梳理总结市场与政府关系的动态演进轨迹，深入阐述有效市场

---

① 沈坤荣，施宇. 中国的"有效市场+有为政府"与经济增长质量［J］. 宏观质量研究，2021，9（5）：1-15.

② 洪银兴. 论市场对资源配置起决定性作用后的政府作用［J］. 经济研究，2014，49（1）：14-16；倪外. 有为政府、有效市场与营商环境优化研究——以上海为例［J］. 上海经济研究，2019（10）：61-68.

与有为政府理论的内涵要义，我们可以得到很多有益启示。

第一，市场化不是自由化，更不是单纯的私有化，二者不能等同，市场化改革有助于实现市场有效；同样地，政府有为也不等于实行计划经济体制，有为政府更契合转型国家的发展阶段。因此，正确认识和处理政府与市场的关系及其作用的边界①，同样也是房地产制度改革和长效机制建设的核心命题和逻辑主线。

第二，房地产市场化改革理论探索应当尊重中国的改革实际和内在规律，盲目西化、照搬套用不可取。理论创新最终要服务于实践，能够落地生根才有价值，因此，本书提出"房地产市场化改革"的理论前提绝非要提倡实现完全的自由主义，而是代表一种改革趋向和渐进化理念，我们主张采用市场的方式因势利导地解决当前房地产市场的诸多弊病，而非行政限令、审批核准的方式。

第三，房地产市场化改革的目标是不断提高房地产市场资源配置能力，使其一头保民生、一头促发展，二者相得益彰。如何做到调节供求，稳定预期，市场化的目的就是要增强价格机制的导向作用，使其成为维系地区经济增长和民生保障的纽带和桥梁，是现阶段努力的一个重要方向。

第四，房地产市场化改革有助于实现房地产市场长效机制的构建。目前，以"限"为主的调控思路并非长久之计，但贸然"松绑"② 又极大可能落入往日的恶性循环，进退失据。因此，我们主张通过市场化改革的办法因势利导，抓住有利时机，协调推进土地出让、房地产信贷、住房公积金、中介与服务以及交易与产权等全方位配套制度改革，

---

① 魏礼群. 正确认识与处理政府和市场关系 [J]. 毛泽东邓小平理论研究，2014 (5)：46-51，91；洪银兴. 市场化导向的政府和市场关系改革 40 年 [J]. 政治经济学评论，2018，9 (6)：28-38.

② 2022 年 3 月 30 日，福州市成为首个放开限购的省会城市。

促进房地产业健康发展和良性循环。

二、房地产市场化改革的理论内涵与结构分析

1994 年国家统一消化已有公房，用逐步出售的方法将其转化为私有产权；1998 年国家在政策层面宣告了福利分房制度的终结，此后的产权拥有基本通过市场交易来实现。在整个市场化进程中，政府牢牢掌握政策选择和政策力度的主动权。

因此，本书所指的"房地产市场化改革"，是政府主导下的市场化改革，而绝非全面的自由化，后一种论调既不符合中国的改革实际，同时又过于极端。中国的房地产市场化改革就是要在市场机制与政府调控之间寻求一种动态平衡，使其既能够充分发挥市场机制的积极作用，同时又不至于出现市场混乱、无效和失控局面，其实质上是一种改革趋向和渐进化理念，一朝一夕之间无法完成，但在这一进程中，市场机制的功能得到充分发挥，市场要素体系、组织体系、法制体系、监管体系、信用体系以及信息体系建设得以全面有序推进，更重要的是，政府应对和解决市场不足（如抑制炒房、化解金融风险等）的手段更多地从经济、法律等方面着手，行政限令、审批应有序退出，政府行为得到有效规范。

从内涵与结构上看，房地产市场化改革主要包含土地、住房、金融、经营性房地产的市场化改革四部分（四者之间相互关系如图 3-2 所示）。其中，土地作为房地产市场的一级要素，是经济社会发展的第一资源，因此土地市场化是房地产市场化的逻辑起点与制度基础。住房市场化是房地产市场化的核心环节和关键内容，经营性房地产与住房市场关系密切，主要包括商业地产、工业地产、旅游地产、娱乐地产以及大型综合体等内容，它是房地产市场的重要分支和业态类型。因此，经

营性房地产市场化是房地产市场化的深化和拓展①。房地产金融是连接土地和房产市场的纽带和桥梁，能够为房地产开发、经营、服务和管理提供所需的资金（直接提供）、技术和劳动力（间接提供），并通过杠杆和加速机制迅速推动房地产市场化进程的不断深化和广化。②

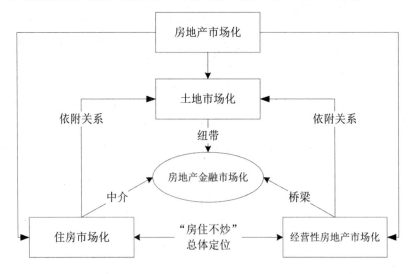

图3-2　房地产市场化的内涵解构示意图

三、房地产市场化改革与房地产市场的产生、发展

计划经济时期，国家对城市私房进行了社会主义改造，到1964年全国范围内私房改造基本告一段落，"约有1亿平方米的房屋纳入私房改造范围""基本消灭了房屋租赁中的资本主义经营"③，大大充实了

---

① "类住宅"是指开发单位为了规避风险，将依法批准的商业建设用地通过住宅化的设计和营销推广对外销售的产品，业内通常将其称为"商改住"。可以特指除了住宅、办公楼之外的有居住功能的边缘类产品，包括但不限于酒店式公寓、服务式公寓、公寓式办公楼、LOFT、SOHO公寓等（宋玉，2017）。

② 姚玲珍. 房地产经济学［M］. 北京：中国建筑工业出版社，2019：238-241.

③ 李国庆，钟庭军. 中国住房制度的历史演进与社会效应［J］. 社会学研究，2022，37（4）：1-22，226.

国家直管公房的规模和储备。单位自管房的建设方面，当时主要由各级机关、企事业单位自筹自建或自建公助，主要包括办公用房和职工宿舍等，整个计划经济时期，国家奉行"先生产，后生活""先生产，后消费"的总体方针，住房被视为完全的福利品，因此长期实行"以租养房"的低租金住房福利制度。其他商业用房、办公用房的建设、使用、维修等也基本依靠计划分配、指标下达和审批管理等方式完成，市场买卖与交易被明令禁止。

改革开放之初，以邓小平同志 1978 年 9 月和 1980 年 4 月两次就住房问题发表谈话为契机，我国城镇住房市场化改革得以加速推进，改革的实质其实就是公有住房的私有化，以及住房商品化的实现过程。此后多年历经"试点售房，提租促售""低价出售，租售并举""住房双轨制""住房分配货币化"等探索和尝试之后[1]，中央于 1998 年 7 月，正式开启全面的"住房市场化"进程，住房实物分配被要求停止，住房的商品化、产权化和资本化得以全面推进。金融信贷方面，1997 年 4 月和 1998 年 5 月，中国人民银行相继颁布《个人住房担保贷款管理试行办法》《个人住房贷款管理办法》等政策文件，中国房地产金融发展的市场化方向也得以最终确立[2]。

土地市场化改革滞后于住房市场。改革开放之初，由于土地的所有制属性和特殊敏感性，土地制度在相当一段时间内仍然实行行政划拨方式，无偿无限期使用，禁止土地使用者之间转让土地。1987 年 12 月，

---

① 周京奎，黄征学. 住房制度改革、流动性约束与"下海"创业选择——理论与中国的经验研究 [J]. 经济研究，2014，49（3）：158-170.

② 其实，最早在 1985 年 1 月、1986 年 8 月，中国建设银行就相继设立"土地开发及商品房贷款"科目和"房地产开发贷款处"，后者是中国第一家在金融机构内设立的专门管理房地产信贷的部门。1992 年 3 月，中国人民银行上海分行颁布《房地产抵押贷款暂行办法》，以及中国建设银行总行 1992 年 9 月颁布《职工住房抵押贷款暂行办法》，很多学者称为"房地产金融萌芽"的产生。

深圳市率先引入香港土地拍卖制度，首次试行国有土地拍卖。1988 年 4 月，全国人大常委会通过《中华人民共和国宪法修正案》，正式确认了 "土地使用权可以依照法律的规定转让"的合法性。20 世纪 90 年代初期，中央最早就明确城镇国有土地使用的四种方式，即协议、招标、拍卖、挂牌①，但受限于当时的认知水平、经验和配套制度，20 世纪 90 年代土地的有偿出让仍以协议出让为主。在这种情况下，商住用地和工业用地出让秩序尤其混乱②，集中表现为出让价格低廉，用地浪费严重。③ 2004 年 "8·31 大限"要求商业、旅游、娱乐和商品住宅等城市经营性建设用地均只能通过招拍挂方式出让。四种出让方式中，挂牌出让出现时间最晚，但由于其要求低、易成交等特点，2002 年后迅速成为地方政府土地出让的主要形式，2008 年全国土地挂牌出让比例超过 90%。④ 现阶段，城市各类土地用途，如商业、工业、旅游、娱乐用地等差异较大、转换困难，受政策影响较为显著，地价频频出现新高。党的十八届三中全会以来，建立健全城乡统一的建设用地市场成为土地市场化改革的重要方向，土地审批权下放、农村集体经营性建设用地同价同权入市、宅基地制度改革、跨省域耕地指标统筹、跨省域建设用地增减挂钩节余指标调剂等政策试点工作正在有条不紊推进。

商业办公等经营性房地产的市场化进程，主要受到政府供地策略、涉房信贷政策、城市发展规划等因素影响。最早在 1984 年 7 月，国务院批转了原商业部《关于当前城市商业体制改革若干问题的报告》，逐

---

① 王宏新，勇越. 中国城市土地招拍挂制度的异化与重构 [J]. 中州学刊，2012 (2)：29-32.

② 陶然，汪晖. 中国尚未完成之转型中的土地制度改革：挑战与出路 [J]. 国际经济评论，2010 (2)，5：93-123.

③ 袁志刚，绍挺. 土地制度与中国城市结构、产业结构选择 [J]. 经济学动态，2010 (12)：28-35.

④ 徐升艳，陈杰，赵刚. 土地出让市场化如何促进经济增长 [J]. 中国工业经济，2018 (3)：44-61.

渐允许"小型国营零售商业、饮食服务业转为集体经营或租赁给经营者个人经营",市场上才开始出现商铺交易。但直到 1992 年党的十四大后,商业地产才开始以独立、清晰的产权进行市场交易活动。2000 年以后,中国商业地产的市场化脚步明显加快,"百货+购物中心"模式迅速展开,外资、港资不断涌入,地产开发商与商业运营商相互合作渗透,经营模式开始由开发销售向自持过渡,自持比例逐年提高,街区式城市综合体等新业态也开始涌现。近年来,随着新型城镇化进程的加快,商业办公地产承载着城市消费升级、产业创新、资本整合、城市更新等多重功能,为拉动城市经济快速增长发挥重要作用。工业地产方面,虽然国务院、原国土资源部于 2006 年 9 月和 2007 年 9 月先后发文,明确提出"建立工业用地出让最低价制度""将工业用地纳入招拍挂出让范围",但多年来地方政府低价出让工业用地的现象始终无法有效解决,市场化不足问题至今仍存在。

通过以上的梳理和分析,我们可以得到一个基本的理论观点:改革开放,尤其是 1998 年以来,中国房地产市场实施的一系列市场化制度安排,例如,土地招拍挂制度、商品房预售制度、住房信贷制度、公积金制度、财税调节制度、中介与服务制度、交易与产权制度等助推房地产市场得以不断发展壮大。多年来,随着市场化改革的不断深入,市场机制不断发挥作用,资源配置效率显著增强,房地产市场得以通过自身的充分发展带动国民经济上下游行业实现联动发展(如图 3-3 所示)。

四、房地产市场化改革与政府宏观调控

政府宏观调控与行政干预存在本质区别。前者重在调控预期,多采用财税、信贷等经济手段或法律手段,突出"间接性",一般时效性较长;而后者通常采取强制性的行政命令、指示、规定等措施,实施后立竿见影。房地产市场化改革的目标就是要逐步减少政府对房地产领域的

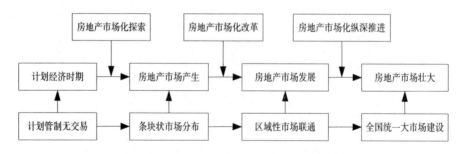

图 3-3 房地产市场化改革与房地产市场发展的逻辑关系

行政干预，确立市场机制尤其是价格机制的基础调节作用，使整个体系能够遵循经济发展的内在规律和路径自然演进。房地产市场化改革并不排斥适度的政府调控和监管①，尤其像对中国这样的体制转轨国家，房地产市场化的顺利推进有赖于政府的强力推动和政策的持续干预，在此过程中干预手段和调控手段通常是混合使用的，当市场化改革基本完成时，调控手段逐渐占据主导地位，辅之以干预手段。整个市场化进程中，政府始终牢牢掌握政策选择和政策力度的主动权（如图 3-4 所示）。

中国房地产市场化改革的逻辑与困境。当前的房地产市场，由于市场机制尚未完全确立，常常导致政府动用常规的调控手段得不到预期的政策效果，或者根本事与愿违，在这种情况下，政府本能地会采取行政干预的手段②，且效果立竿见影（如图 3-5 所示）。随着经济社会发展水平的不断提高，房地产市场化综合配套改革不断向纵深推进，与此同时政府职权范围逐渐缩减，直至市场机制完全确立。在此过程中，政府始终牢牢掌控房地产市场化的进度和节奏，随时依据实际情况做出相应

---

① 刘世锦.“新常态”下如何处理好政府与市场的关系［J］. 求是，2014（18）：28-30；郭克莎. 中国房地产市场的需求和调控机制——一个处理政府与市场关系的分析框架［J］. 管理世界，2017（2）：97-108.

② 此举根本上缘于政府对行政干预手段驾轻就熟。

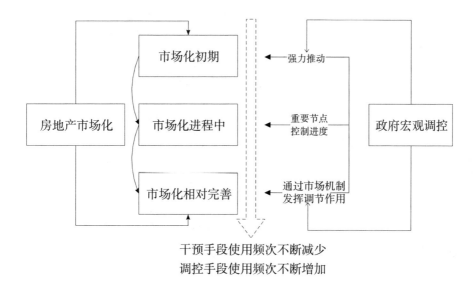

图 3-4 转轨时期房地产市场化改革与政府宏观调控逻辑关系

的改革决策。基于此，很多学者试图从理论上强行区分房地产市场化改革进程中政府与市场的边界①可能是徒劳的，因为现阶段基于经济增长、防控系统性金融风险②等目标的考量，政府不能过早地放弃行政干预手段的使用。从这个意义上讲，"大政府小市场"理论完全适用于中国的房地产市场。

2022 年以来，受新冠疫情影响，宏观经济基本面遭遇严峻挑战，为扭转经济颓势，借助房地产市场回暖刺激国内消费和投资成为重要备选，如何正确处理干预与调控两种手段的辩证关系，因势利导促进良性

---

① 尹锋，尹伯成. 房地产业市场化与政府宏观调控 [J]. 探索与争鸣，2005（6）：12-14；王峰. 我国房地产市场资源配置机制研究 [J]. 马克思主义与现实，2018（2）：34-39.

② 现阶段，中国的金融风险主要包括地方政府隐性债务风险、房地产市场泡沫破裂风险、股市崩盘风险、企业债务违约风险、人民币汇率抵受外部冲击风险、民间 P2P 网贷平台风险等，各种风险因素彼此之间相互交织，传染蔓延。

循环，是事关未来房地产市场化改革成效的根本性问题。

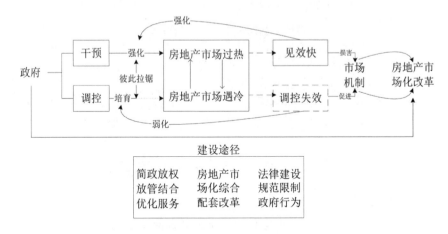

图3-5 中国房地产市场化改革的内在逻辑与建设途径示意图

五、房地产市场化改革与长效机制建设

"房地产市场长效机制"的概念最早于2015年被首次提出①，此后理论界展开积极探讨，学者们主要从宏观调控②、因城施策、租购并举、供需均衡等视角进行论述③，但政府的作用强调得过多，相对忽略了市场和价格机制的功能，因此，现阶段各地应对房价涨跌的主要手段还主要局限于限购、限贷、限售等政策，办法始终不多。"长效机制"本意是指，能够长期正常运行并有效应对各种不确定风险的制度体系，其背后隐含了市场有效与政府有为相互配合的内在逻辑，二者若偏重其一，则很难取得实效。

① 2014年3月，中共中央、国务院发布的《国家新型城镇化规划（2014—2020年）》中的提法是"房地产市场调控长效机制"。

② 陈小亮，李三希，陈彦斌. 地方政府激励机制重构与房价调控长效机制建设［J］. 中国工业经济，2018（11）：79-97.

③ 张协奎，樊光义. 我国住房制度改革和长效机制建设研究述评［J］. 创新，2020，14（5）：11-23.

房地产市场化改革有助于长效机制的构建。房地产市场化改革的目标就是要提高市场的有效性，使价格机制能够最大限度地反映市场供求变动关系，进而科学引导市场主体投资和消费预期，促进劳动、资本、技术等要素资源的合理高效流动，加速资源优化配置，正如陈云贤教授所说，在市场功能、市场秩序、市场环境三个维度可以得到稳步提升。① 在新型城镇化初中期，住房供需缺口较大，此时信贷制度、土地出让制度以及商品房预售制度的建立，一方面能够大大提升城市居民的住房消费能力、激活内需市场；另一方面房地产企业得以凭借杠杆化发展模式撬动更大规模金融资本，客观上有利于增加住房供给、优化人居环境、提振投资信心。从地方政府的角度看，房地产市场的持续升温为地方政府大规模开发建设、高标准招商引资、因地制宜培育优势产业等提供了源源不断的税收和融资担保②，客观上有利于房地产市场的持续繁荣稳定。当进入新型城镇化中后期，住房矛盾开始从总量短缺转变为结构性供给不足，也就是住房市场的空间错配与分异问题③，房地产市场原有的制度体系在增加供给、创造财富等方面功能突出，但在调节住房分配、提升住房品质、维护住房安全、抑制住房泡沫等新领域则力有未逮，亟须政府积极有为，通过对既有的涉房税收制度、预售制度、土地出让制度、公积金制度、产权交易制度等进行创新完善，不断推动房地产市场走向动态均衡，这也是长效机制建设的应有之义。

此外，房地产市场化改革与保障房建设并行不悖，住房保障推进过程中仍需引入适当的市场机制。当前，我国的保障房建设、运营与分配

---

① 陈云贤. 中国特色社会主义市场经济：有为政府+有效市场 [J]. 经济研究, 2019, 54 (1)：4-19.

② 刘元春，陈金至. 土地制度、融资模式与中国特色工业化 [J]. 中国工业经济, 2020 (3)：5-23.

③ 陆铭，李鹏飞，钟辉勇. 发展与平衡的新时代——新中国70年的空间政治经济学 [J]. 管理世界, 2019, 35 (10)：11-23, 63, 219.

基本以政府行政审批方式为主①，社会力量，尤其是大型企业、非营利机构等参与度较低，住房保障模式趋于僵化，保障房营运效率不断降低。不过，自2008年至今，我国住房保障供不应求的局面已得到根本改观，保障房的供应方式面临由"增量建设"向"增量与存量优化并重"转变，相应地，地方政府所扮演的角色也需要从"建设主体"向"监管主体"过渡。在此背景下，现有的保障房供给主体、融资模式、运营体制等均需做出相应的调整，应当及时引入社会资本，积极探索建立"政府主导、社会参与、企业化运作"的综合保障模式。积极探索数字技术与保障性住房管理与服务有机结合，推动住房申请、审核、认证、维护、退出等一站式联办、一网通办、一码通办尽快落地生效，精准识别不同群体的租购需求，提升管理效能，缓解供需错配矛盾（如图3-6所示）。

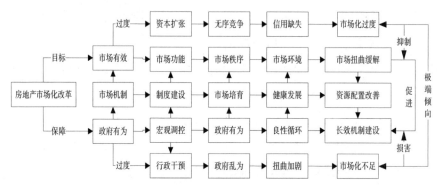

图3-6 房地产市场化改革与长效机制建设逻辑关系示意图

---

① 吕冰洋，毛捷，吕寅晗. 房地产市场中的政府激励机制：问题与改革 [J]. 财贸经济，2013（7）：126-137.

第三节　房地产市场化改革驱动地区
经济增长的理论机制

上一节对"房地产市场化改革"的理论内涵、概念特征、要素构成、运行机制等进行了系统阐释，详细探讨了房地产市场化改革与房地产市场发展壮大、政府宏观调控以及长效机制建设的互动机理，为深入理解中国房地产市场化改革的内涵实质奠定了坚实基础，本节将在此基础上重点探讨房地产市场化改革驱动地区经济增长的理论机制，并提出研究假设，为后续实证研究奠定理论分析基础。

一、理论基础

（一）制度变迁理论

制度，是研究历史演进逻辑的最佳视角。① 在传统的经济增长理论中，制度因素要么外生，要么被直接忽略，直到 20 世纪 70 年代前后，美国经济学家诺斯（Douglass C. North）才正式提出了制度变迁理论。② 他认为，经济学意义上的"制度"指的是一套社会游戏的规则，是人为设计的，用以形塑人们互动关系的行为规范。③ "制度变迁"指的是效益更高的新制度取代效益较低的旧制度的动态过程，通过制度变革，创新者将获得额外红利。制度变迁可视为某种社会制度的"生产过

---

① 斯坦莫，李鹏琳，马得勇. 什么是历史制度主义 [J]. 比较政治学研究，2016
（2）：70-92.

② DOUGLASS C. North Institutional Change and Economic Growth [J]. The Journal of
Economic History，1971（31）：118-125.

③ 韦森. 再评诺斯的制度变迁理论 [J]. 经济学（季刊），2009，8（2）：743-768.

程"，因此，需支付一定的成本，是否发生制度变迁取决于预期净收益与预期成本之间的比较，只有在前者大于后者情况下，制度变迁才会发生。① 所谓"制度均衡"，指的是制度供给与制度需求基本均衡的状态。诺斯认为，制度变迁的方式主要有两种，即"自上而下"和"自下而上"，前者主要以政府发布法律、行政命令、政策措施等方式进行，也称为"强制性制度变迁"；后者一般是指个人或团体为追求新制度下潜在的外部利润而自发倡导、组织和实现的制度变迁过程，又可称为"诱致型变迁"。②

诺斯的制度变迁理论主要由产权理论、国家理论和意识形态理论三部分组成。具体而言，诺斯认为，"有效率"的产权有利于大大降低交易费用、提高市场资源配置效率、激发企业技术创新活力，从而促进经济增长，因此，产权的明晰、保护和调整十分重要。这一点与科斯（Ronald H. Coase）的观点相似。国家理论方面，诺斯提出了著名的诺斯悖论，他认为，从经济史观的角度看，国家的存在能够保证产权制度的建立和有效执行，这是经济增长的关键，但另一方面统治者为追求自身利益最大化往往针对不同的利益集团采取差异化的产权政策，这就会造成大量低效率的产权结构长期存在，进而导致宏观经济丧失活力甚至出现衰退的现象，这正是历史上许多国家兴衰罔替的根源所在。但对于如何限制国家权力，诺斯并没有展开系统论述。这方面，科斯将国家视为一个超级企业，认为它通过行政命令的方式决定要素资源配置状况，这样做虽然使得交易费用大大降低，但内部组织成本过高，因此，政府与市场的边界取决于何种的费用更低。中国的市场化改革就是通过合理界定产权，不断调整政府与市场的关系，以实现资源配置效率的提升。

---

① 蒋雅文. 论制度变迁理论的变迁［J］. 经济评论，2003（4）：73-79.
② 林毅夫. 诱致性制度变迁与强制性制度变迁［C］//盛洪. 现代制度经济学：下卷. 北京：北京大学出版社，2003：5-9.

诺斯意识形态理论的核心观点在于，一套成功的意识形态能够有效克服经济主体的"搭便车"行为，从而使集体决策更为理性和有效率，这样能够显著节约产权制度运行的成本，提高市场运行效率。从这方面看，意识形态理论其实是产权理论的有益补充。此外，诺斯还提出了制度变迁的路径依赖理论，他认为制度变迁存在报酬递增和自我强化机制①，一旦路径选择得以确定，制度变迁将朝着既定方向快速推进，动力十足，这种情况下如果路径选择正确，必将释放强大的经济活力，反之，将陷入市场混乱、垄断盛行、经济衰退的困局而无法自拔。所以，路径依赖问题不容忽视。

马克思主义的制度变迁理论主要是围绕生产力与生产关系、经济基础与上层建筑的矛盾展开论述。② 马克思主义认为，生产力水平决定着生产关系的变化状况，经济基础决定着上层建筑，当一个社会在一定时期内，生产关系能够适应生产力的发展要求时，它能够显著推动生产力的进步，反之则会造成混乱和低效。但当生产力发展到一定阶段时，原有的生产关系就有可能成为阻碍生产力进一步提升的制约，因此必须对原有生产关系进行适时的调整和创新。与此同时，马克思主义还指出，任何一种社会制度都是处于不断地矛盾、变化和发展当中，是否出现根本性的制度变迁，取决于不同阶级之间的力量对比状况，最终则是由占绝对优势地位的阶级所决定。

此外，博弈论、混沌学、干中学等理论均从各自角度阐述了制度变迁的动因与演进特征，具有一定的应用价值。制度变迁理论给我们的启示在于，正确认识市场化改革的内涵实质，将其视为一个复杂的、多元的、边际的制度变迁过程有助于我们更好地解决房地产市场现存的诸多

---

① 林红玲. 西方制度变迁理论述评［J］. 社会科学辑刊，2001（1）：76-80.
② 谢伟杰. 马克思制度变迁理论与降低民营经济制度性交易成本的策略分析［J］. 福州大学学报（哲学社会科学版），2020，34（5）：11-16，32.

弊病，一头保民生、一头促发展相得益彰。

（二）市场扭曲理论

所谓"扭曲"，一般是指市场资源对最优配置状态的偏离程度。[①] 从成因上看，可分为内生性扭曲和引致性扭曲两种，前者是由于市场自身发育不完善、机制不健全导致的资源配置混乱或失衡状态，后者则是由于政府介入，不合理干预所带来的无效率或低效率现象，二者相互依存，互为补充。20 世纪 60 年代前后，经济学家巴格沃蒂[②]最早提出"扭曲"的理论概念，并系统论证了政府最优化政策干预、市场扭曲与自由贸易之间的一般均衡关系，此后学者们针对扭曲的测度、影响、类型、应对措施等问题进行了深入研究，研究视角也逐渐扩展到整个宏观经济领域。根据市场扭曲理论，当市场发育不足时，价格、供求、竞争、风险机制等难以充分发挥作用，此时存在内生性扭曲，经济资源的配置效率处于较低水平，经济增长乏力，为扭转这一局面，政府积极介入，通过出台市场化导向的政策措施逐步培育和壮大市场规模，加快要素市场化配置速率[③]，提高市场运行效率。这样内生性扭曲可以得到一定程度的缓解和纠正，与此同时政策引致性扭曲伴随而来并日益严重，此时，如果市场机制趋于成熟，那么政府适时有序地退出将带来资源配置效率的进一步提高，但如果市场机制尚未完全确立，仍需要政府积极

---

① LOREN, BRANDT, TREVOR, et al. Factor Market Distortions Across Time, Space and Sectors in China [J]. Review of Economic Dynamics, 2013：12−18；张晓晶，李成，李育. 扭曲、赶超与可持续增长——对政府与市场关系的重新审视 [J]. 经济研究，2018，53（1）：4−20.

② BHAGWATI J N . The Generalized Theory of Distortions and Welfare [J]. Trade Balance of Payments & Growth Papers in International Economics in Honor of Charles P Kindleberger，1969，12（3）：161−174.

③ 倪鹏飞，沈立. 制度偏漏、机制扭曲与房价蔓延式飙升——2016 年中国楼市分析 [J]. 社会科学研究，2019（2）：104−112.

发挥引导、培育和示范的作用。特别对于一个赶超型国家来说，政府的强力干预能够快速拉动经济实现增长奇迹，但当经济体迈向中高收入阶段时，政府干预的负面效应会无限放大，且存在路径依赖，因此规范和制约政府的不当干预不仅十分必要，而且刻不容缓。

值得注意的是，政府干预与市场扭曲并不是必然因果关系，只有意欲弱化、破坏甚至取代市场机制的政府干预才是扭曲行为，积极疏导、强化、保护市场机制的政府干预行为因内生性扭曲降低的边际效应高于政策引致性扭曲上升的边际效应而有利于市场发展。

（三）机制设计理论

机制设计理论最早由美国经济学家赫维茨①提出，后经过马斯金（Eric S. Maskin）、迈尔森（Roger B. Myerson）等学者发展完善，最终形成一套旨在探讨既定目标下最优机制的取舍和设计问题。② 机制设计理论认为，现实的经济环境是不断变化的，很难找到一个像古典经济理论中那样的完全竞争市场，那么在信息分散、自主决策和信息不对称条件下，如何设计一套激励相容的制度方案，使得个体行为人在追求利益最大化的过程中，集体利益也恰好能够实现最大化目标，这是一个十分重要的现实问题。机制设计的核心理念可以用"两个人分蛋糕"的例子加以说明，目标是尽可能保证公平，两人的分配方案对方事先均不知情，这时最佳的分配方案是一个人获得分蛋糕的权利，另一个人获得优先选蛋糕的权利，这样无论谁来动手分蛋糕，结果都是一样的，类似的例子还可以在土地使用权拍卖、房产税税制改革、金融资本流通、保障

①　HURWICZ L . On Informationally Decentralized Systems［M］. Cambridge：Cambridge University Press，1972：76-88.

②　田国强．如何实现科学有效的体制机制重构与完善——机制设计理论视角下的国家治理现代化［J］. 人民论坛，2014（26）：17-21.

性住房建设与运营、市场调控与治理等方面得到充分印证。① 机制设计理论及其衍生而来的不完全合约理论、委托代理理论、社会选择理论、垄断定价理论、产权改革理论、最优税制设计理论等为中国的经济体制改革与房地产市场健康发展提供了丰富的理论源泉，其中如何实现激励相容的制度设计是改革的重要内容。

（四）政府规制理论

住房，既是一种特殊商品，也是一种准公共物品。《中华人民共和国民法典》规定，居住权是公民的一项基本权利，神圣不可侵犯。因此政府有必要适时出台政策措施以保障城乡居民的"住有所居"权利。从理论上看，政府规制指的是政府出于维护公共利益的考虑，对市场主体、市场交易、市场运行等进行直接或间接干预的行为。1971 年，美国学者乔治·斯蒂格勒（Georgo Joseph Stigler）最早对政府规制的内涵进行科学界定和阐释②。政府规制理论认为，市场失灵并不一定要通过政府才能解决，在某些情况下当事人通过私下协商也能做到，但政府干预具备若干特殊优势，例如，征税权力、行业威慑、规则制定、成本节约、提供公共服务等，因此，政府规制能够有效缓解现实市场中存在的信息不对称、过度竞争、环境污染、收入分化、寡头垄断等问题，提高经济运行效率，维护市场秩序稳定。政府规制应当正确处理公共利益与集团利益的关系，避免政府规制被利益集团"俘虏"，造成社会福利受损情况的出现。政府规制会产生高额的组织成本，政府决策者也具有"经济人"属性，同样会寻求自身利益最大化的政策方案，这会导致政

---

① 李文俊. 机制设计理论的产生发展与理论现实意义［J］. 学术界，2017（7）：236-245，328.

② Stigler G . The Economic Theory of Regulation ［J］. The Bell Journal of Economics and Management Science，1971，2（1）：3-21.

府失灵，其结果可能是市场失灵未能有效缓解，政府公信力还受到了极大损害，因此政府规制的模式和效率问题是影响经济效率和产业发展的关键问题。

（五）经济增长理论

我们将房地产投资视为全社会固定资本投资的一部分，那么，可以从现有经济增长理论中析出房地产的作用机制。涉及理论主要有"乘数—加速数理论"、"哈罗德—多马增长理论"、新古典增长理论等。

"乘数—加速数理论"由美国经济学家汉森（Alvin Hansen）、萨缪尔森于 20 世纪 30 年代前后提出，他们认为，自发性投资增加会引起社会总需求增加，总需求增加通过乘数效应促进均衡国民收入成倍增加，这一倍数可称为投资乘数。进一步地，社会总产出增加又会引起总消费和总收入增加，最终通过加速数效应催动企业加大投资规模，反之，投资减少将会引起总收入成倍减少。"乘数—加速数"原理相互作用推动宏观经济不断经历繁荣与萧条，并逐渐发展成为解释经济周期波动的经典理论之一。

"哈罗德—多马增长理论"诞生于 20 世纪 40 年代末期，由英国经济学家哈罗德（Roy Forbes Harrod）和美国经济学多马（Evsey D Domar）分别创立，它是凯恩斯国民收入决定理论的进一步推广和拓展。该理论认为，一国经济增长与储蓄率（资本积累率）、资本—产出比率息息相关，由于模型假设中假定一定时期内资本—产出比率固定不变，那么，经济增长唯一决定于资本积累率，即投资占总产出的比率。但该模型的缺点也恰好在于此，过分强调投资积累的作用，忽视了技术进步因素的作用。

1956 年，美国经济学索洛（1956，1957）提出新古典增长模型，即索洛增长模型，也称外生经济增长模型。[1] 该理论认为，在规模报酬不变条件下，如果忽略技术进步、人口变化等影响，那么，短期经济增长取决于社会投资水平的高低，社会储蓄率越高，人均资本和人均产出就会越高，经济增长越快。当然，索洛增长模型最重要的政策含义在于告诉人们，长期经济增长的动力只来源于技术进步和生产效率的提高。[2] 之后无论是罗默（Paul M. Romer）内生增长模型[3]、最优经济增长模型[4]，还是卢卡斯人力资本增长模型[5]均考虑了投资要素的影响，资本、劳动、技术、企业家等才能成为驱动经济增长的稳定要素结构。如果我们将社会资本区分为房地产资本和非房地产资本，那么房地产在经济增长过程中将发挥重要作用。[6]

在数理模型设定和推导方面，上述作用机制可以表示为一个包含房地产部门的生产函数形式，我们借鉴马特奥·亚科维洛（Matteo Iacoriell）等学者的做法，首先引入一般的柯布-道格拉斯生产函数形式[7]：

$$Y_t = A_t K_t^\alpha L_t^{1-\alpha} \tag{3-1}$$

其中，Y_t 表示产出，A_t 表示技术进步或全要素生产效率，K_t、L_t 分别表

① SOLOW R M . A Contribution to the Theory of Economic Growth [J]. Quarterly Journal of Economics, 1956, (1): 65-94.

② HSIEH C T, KLENOW P J. Development Accounting [J]. American Economic Journal: Macroeconomics, 2010, 2 (1): 207-223.

③ ROMER P M . Increasing Returns and Long-Run Growth [J]. Journal of Political Economy, 1986, 94: 1002-1037.

④ KOOPMANS T C . On the Concept of Optimal Economic Growth [J]. Cowles Foundation Discussion Papers, 1965: 28.

⑤ LUCAS R E. On the Mechanics of Economic Development [J]. Journal of Monetary Economics, 1988, 22: 3-42.

⑥ 彭俞超，黄娴静，沈吉. 房地产投资与金融效率——金融资源"脱实向虚"的地区差异 [J]. 金融研究, 2018 (8): 51-68.

⑦ IACOVIELLO, MATTEO. Financial Business Cycles [J]. Review of Economic Dynamics, 2015, 18 (1): 140-163.

示资本投入、劳动投入，α、$1-\alpha$ 分别表示资本和劳动的产出弹性。根据上述增长理论分析，如果我们将房地产视为一种重要的生产要素，相应地，房地产资本存量可视为社会总资本存量①的必要组成部分，式（3-1）可以变换为以下形式：

$$Y_t = A_t K_t^\rho H_t^\theta L_t^{1-\rho-\theta} \tag{3-2}$$

这里，Y_t、A_t、L_t 含义与上式相同，分别表示总产出、技术进步率和劳动投入存量，K_t、H_t 分别表示生产性资本投入、房地产资本投入，ρ、θ、$1-\rho-\theta$ 分别表示生产性资本、房地产资本和劳动投入的产出弹性。

将式（3-2）对数化处理，可以得到

$$lnY = lnA + \rho lnK + \theta lnH + (1-\rho-\theta) lnL \tag{3-3}$$

上述理论模型的优点在于可以将房地产要素与社会总资本的关系，以及对总产出的边际贡献比率较为清晰地表达出来，但缺点也很明显，即房地产对社会总产出的溢出效应无法准确表示，这一溢出从根本上来源于房地产行业对钢铁、建材、家居、装潢、设计、家庭电器等上下游重要行业的关联和带动作用，此外，房地产市场运行对社会预期的导向作用、全要素生产率的影响也无法体现，因此，很多学者建议在式（3-2）基础上加入外部性因素，生产函数形式变换如下：

$$Y_t = A\ e^{(\tau H + \delta tec + \lambda + \mu)}\ K_t^\rho H_t^\theta L_t^\sigma \overline{H}_t^{1-\rho-\theta-\sigma} \tag{3-4}$$

上式中，$\overline{H}_t$ 表示房地产资本的社会平均值，$1-\rho-\theta-\sigma$ 表示房地产行业对社会总产出的外部性大小，如果是正的溢出效应，那么，$1-\rho-\theta-\sigma>0$；$A\ e^{(\tau H + \delta tec + \lambda + \mu)}$ 表示考虑了房地产要素和技术进步等之后的全要素生产率形式。相应地，对式（3-4）进行对数线性化处理后，可表示为：

---

① 资本是存量概念，投资属于流量范畴，有效投资、净投资能够带来资本存量的增加。从投资类别上划分，社会总投资可以分为房地产投资、基建投资、制造业投资等。

$$lnY = lnA + \rho lnK + \theta lnH + \sigma lnL + (1-\rho-\theta-\sigma) lnL + \tau H + \delta tec + \lambda + \mu \quad (3-5)$$

然而，这样的理论模型设定虽然可以最大限度地体现房地产投资和制度变迁对经济增长的边际贡献，但给模型假设以及后续关于家庭、企业、政府等部门效用函数推导、最优均衡解的求法带来了很大困难，我们目前尚无法找到合适的理论模型能够对房地产行业驱动地区经济增长的作用机理进行准确清晰的表达。因此，本书后续部分主要采用概念逻辑推理加论证演绎的方法从多个视角详细阐述房地产市场化改革对地区经济增长的影响作用，并从中得到可验证的研究假设，最后提出本书的理论分析框架。

二、房地产市场化改革驱动地区经济增长的作用机理

取消价格管制、停止住房实物分配，充分发挥价格调节供求的杠杆作用，是房地产市场化改革的核心内容。1998 年至今，中国房地产市场实施的一系列市场化制度安排，如土地招拍挂制度、商品房预售制度、住房信贷制度、公积金制度等助推房地产市场不断发展壮大，进而拉动地区经济持续增长。具体而言，房地产市场化改革通过产业联动、要素融合、融资激励三大效应发挥作用。产业联动效应。房地产业天然地具有关联产业众多[①]、资金需求庞大、与民生息息相关等特点，市场化改革的作用在于降低行业准入门槛以加剧市场竞争，加快供求匹配速率以扭转结构失衡，打破地区封锁与行业垄断以形成统一开放市场，加强法治建设以规范市场秩序约束主体行为等，持续的房地产市场化改革有利于壮大房地产市场规模、整合行业资源，并有效带动上下游产业联动发展。要素融合效应。房地产市场化改革极大地优化了土地、资本、

---

① 孟宪春，张屹山，李天宇. 有效调控房地产市场的最优宏观审慎政策与经济"脱虚向实"[J]. 中国工业经济，2018 (6)：81-97.

劳动力等要素资源配置，降低了企业的生产和经营成本，特别是制造业企业得以将更多的优质资源投入研发创新领域。另一个视角，房地产本身也是一种生产要素①，它与设计施工领域的新技术、新材料相融合，可有效缩短工期、提高厂房质量；与制造业生产领域的新设备、新工艺相融合，大大提高了生产效率；与公共服务领域的新基建、新动能相融合，增强了城市软硬件实力和综合承载能力；与产业链供应链中的新业态、新场景相融合，有利于激发各类企业开发新产品提供新服务的内生动力。融资激励效应。信贷制度、土地出让制度以及商品房预售制度等建立并趋于完善，助推房地产开发经营与城市开发建设日渐融为一体，为获取充足的财政资金以实现地方经济"促增长""保增长""稳增长"的目标，地方政府主要通过三种途径获取融资：第一，通过低价出让工业用地，"以地引资"发展工业园区、产业园区等城市功能新区②，从地方经济增长中获取税收红利；第二，出让住宅、商服等经营性用地使用权获取级差地租③，并在房产建设、交易、保有等环节征收税费；第三，将土地注入地方融资平台，撬动金融杠杆获取巨额基建资金。④上述三个环节之间继起叠加，彼此激励相容并高效运转，在现有的官员晋升制度和 GDP 竞赛激励下，地方政府秉承"项目为王"的发展理念，更倾向于将有限的财政资金投向与房地产和基建相关的上下游

---

① 彭俞超，黄娴静，沈吉．房地产投资与金融效率——金融资源"脱实向虚"的地区差异［J］．金融研究，2018（8）：51-68.

② 陆铭，李鹏飞，钟辉勇．发展与平衡的新时代——新中国 70 年的空间政治经济学［J］．管理世界，2019，35（10）：11-23，63，219.

③ 陈金至，宋鹭．从土地财政到土地金融——论以地融资模式的转变［J］．财政研究，2021（1）：86-101.

④ 魏万青，高伟．经济发展特征、住房不平等与生活机会［J］．社会学研究，2020，35（4）：81-103，243.

行业和重点领域，从而大大加快了中国的新型城镇化和新型工业化进程①，宏观经济亦获得了充分发展。

基于上述理论分析，我们可以得到如下研究假说：

H1：房地产市场化改革能够显著拉动地区经济增长。

上述产业联动、要素融合、融资激励三大效应并非彼此孤立，而是相互影响、相辅相成的。其中，融资激励效应由于其显著的金融支持属性而对产业联动和要素融合效应具有放大和加乘的作用。金融市场作为连接家庭、企业、银行和政府等多部门的纽带和桥梁，在房地产市场化改革驱动地区经济增长过程中发挥举足轻重的作用。1998 年至今，新型城镇化与新型工业化齐头并进并释放出强大的投资、消费需求，供求失衡必然带来房价、地价以及租金价格的快速上涨。② 反过来，房价、地价快速上涨助推越来越多金融资本要素疯狂涌入房地产行业，并在其内部空转套利时，金融风险已经在慢慢积聚。③ 在几乎所有的市场主体眼中，房地产成为炙手可热的"优质资产"④，其投资属性不断被社会放大，而房地产市场已有的一系列市场化制度安排，如土地招拍挂制度、商品房预售制度、住房信贷制度、公积金制度等在此时反而成为金融资本"弃实投虚"进入房地产领域的加速器和"护身符"。⑤ 金融的过度支持不仅催生了巨大的房地产市场泡沫，还对经济增长、地方财政

---

① 刘元春，陈金至. 土地制度、融资模式与中国特色工业化 [J]. 中国工业经济，2020（3）：5-23.

② CHEN K，WEN Y. The Great Housing Boom of China [J]. American Economic Journal：Macroeconomics，2017，9（2）：73-114.

③ 彭俞超，倪骁然，沈吉. 企业"脱实向虚"与金融市场稳定——基于股价崩盘风险的视角 [J]. 经济研究，2018，53（10）：50-66.

④ SCHMALZ M C，SRAER D A，THESMAR D. Housing Collateral and Entrepreneurship [J]. The Journal of Finance，2016，72（1）：99-132.

⑤ 魏玮，陈杰. 加杠杆是否一定会成为房价上涨的助推器？——来自省际面板门槛模型的证据 [J]. 金融研究，2017（12）：48-63.

收支、家庭住房消费、实体企业转型升级等宏观经济各层面造成了持续的负面冲击①，其实质正是对中国经济基本面的损害。从这个意义上说，金融支持房地产对地区经济增长的影响既存在积极的拉动作用，同时又存在一定的抑制作用，二者此消彼长，根本上取决于金融支持的"度"。

基于上述理论分析，我们进一步得到如下研究假说：

H2：金融发展存在一个临界值，当超过该临界值时，房地产市场化改革对地区经济的拉动作用将逐渐减弱。

近年来，随着新型城镇化进程的放缓及人口老龄化的到来，中国房地产市场的供求关系正在实现总量均衡甚至发生逆转，其显著特征是房企高杠杆发展模式的难以为继、地方政府债务危机的隐现。这一系列现象在金融越发达的地区表现尤为明显。从理论上看，金融资本具有逐利性，金融市场越发达的地区，其产业竞争力越强，人地矛盾突出导致住房保值增值空间巨大，为获取高额利润，金融发达地区的房企加杠杆、高负债程度远比其他地区更为严重，且遭遇限购、限贷政策时，更有动机绕过监管程序，变相涌入房地产行业继续空转套利，虚拟经济过度膨胀对整个宏观经济长远发展造成负面影响。当决策层为防范和化解系统性金融风险果断出台更为严厉的融资限制措施时，金融发达地区的高杠杆模式也是首当其冲，率先受到冲击，市场风险急剧扩散对长期增长不利（如图3-7所示）。

基于上述理论分析，我们进一步得到如下研究假说：

H3：不同地区因金融发展水平不一，其在房地产市场化改革拉动地区经济增长中可能存在区域异质性差异。金融越发达的地区，金融支持

---

① 张协奎，樊光义. 中国房地产压力指数构建及其实证分析［J］. 城市问题，2016（11）：90-98.

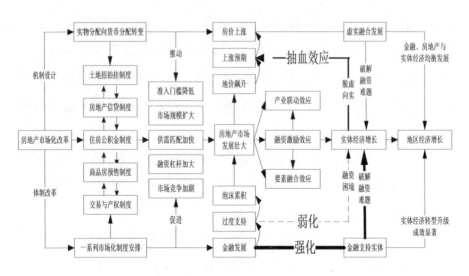

图3-7　房地产市场化改革、金融支持与地区经济增长作用机理

房地产过度越有可能导致房地产市场化改革对地区经济增长经济的拉动作用转为负值。

三、房地产市场化改革驱动经济高质量发展的理论机制

　　房地产市场化改革不仅能够推动地区经济持续增长①，还能够通过优化和改善房地产市场资源配置效率，进而促进地区全要素生产率提升②，实现经济高质量发展。

　　房地产市场资源错配问题是制约地区经济发展效率的关键因素。计划经济时期，中央政府统一调配土地、住房、工厂、劳动力、资本等一切生产要素资源，房地产投资、消费完全遵照计划指令执行，市场交易被禁止，要素流通成本居高不下，价格机制失去应有作用，房地产经济

---

① 哈勒根，张军. 转轨国家的初始条件、改革速度与经济增长［J］. 经济研究，1999（10）：69-74.

② 徐升艳，陈杰，赵刚. 土地出让市场化如何促进经济增长［J］. 中国工业经济，2018（3）：44-61.

实质是一种短缺经济，市场扭曲现象长期存在。① 改革开放之初，中央开始对住房市场展开针对性的商品化、市场化和产权化探索②，历经1980—1988 年、1988—1994 年、1994—1998 年等多个阶段房改，虽总体成效明显，但由于实施范围受限，改革步调进退不一，导致房地产市场资源配置能力并未得到显著增强。1998 年以后，随着国家全面取消住房实物分配，提升市场供应住房的比重，且土地市场化出让方式日渐规范统一，房地产信贷、商品房预售、住房公积金、房产中介与服务、交易与产权等制度确立、法治体系完善③等一系列改革措施，极大促进房地产行业的良性循环和健康发展，房地产市场资源配置效率得到显著提升。进一步地，房地产市场凭借其强大的产业联动、要素融合、融资激励三大杠杆效应，可以撬动其他劳动力市场、资本市场、商品市场、技术市场等不断优化资源配置，加快技术进步与产业升级。

具体而言，房地产市场化改革可通过人力资本提升机制、创新投入强化机制、高新技术产业集聚机制推动地区实现经济高质量发展（如图 3-8 所示）。

（一）人力资本提升机制

人力资本是影响地区经济增长质量的重要因素。④ 人力资本，一般

① 张晓晶，李成，李育. 扭曲、赶超与可持续增长——对政府与市场关系的重新审视[J]. 经济研究，2018，53（1）：4-20.

② 朱亚鹏. 住房制度改革：政策创新与住房公平［M］. 广州：中山大学出版社，2007：5-8.

③ 如《中华人民共和国房地产管理法》《中华人民共和国土地管理法》《中华人民共和国物权法》《中华人民共和国民法典》《中华人民共和国建筑法》《中华人民共和国城市规划法》《中华人民共和国不动产登记法》等法律法规的制定、完善、实施与反馈。

④ 景维民，王瑶，莫龙炯. 教育人力资本结构、技术转型升级与地区经济高质量发展[J]. 宏观质量研究，2019，7（4）：18-32.

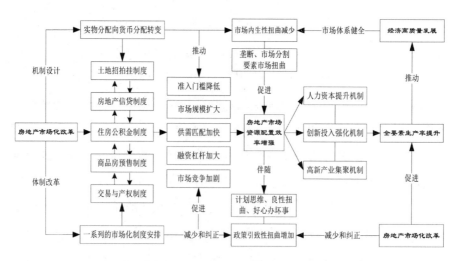

图 3-8　房地产市场化改革、全要素生产率与地区经济高质量发展作用机理

是指凝结在劳动力身上的知识、技能、培训、教育等无形资本。① 房地产市场化改革的目标之一就是逐步提高市场供应住房的比重，通过价格机制调节供求变化，最大限度地满足全民住有所居目标。另外，保障房建设与分配同样需要市场机制参与其中②，代建、配建、PPP 等建设模式确保保障房供应的数量与规模，数字化、信息化、智能化应用与推广，极大提高了保障房分配的速率与效率。因此，房地产市场化改革越深入、成效越显著，该地区住房供需矛盾和结构性失衡越得以缓解，住有所居目标更容易实现。由于当前体制下，住房与户籍、教育、社保、医疗、就业等居民基本公共服务权利相挂钩、相匹配③，因此，同等条

① 张国强，温军，汤向俊. 中国人力资本、人力资本结构与产业结构升级 [J]. 中国人口·资源与环境，2011，21（10）：138-146.
② ZHOU J，MUSTERD S. Housing Preferences and Access to Public Rental Housing Among Migrants in Chongqing，China [J]. Habitat International，2018，79：42-50.
③ YUAN Y，RONG Z，YANG R，et al. Instability of Migrant Labor Supply in China：Evidence from Source Areas for 1987—2008 [J]. Eurasian Geography and Economics，2015，56（3）：231-259.

件下住房成为地方政府和企事业单位引才、育才、聚才、留才、用才的重要砝码，人才流入加速本地区人才竞争，激活劳动力就业市场，进而释放发展潜能，推动产业结构升级。

（二）创新投入强化机制

土地市场是房地产市场的一级要素市场。目前，学术界已有大量文献论证了土地出让市场化、以地融资与地方政府财政收入之间的关系①，他们认为地方政府凭借其在土地征收与出让环节的双重垄断地位，采取两套土地出让策略，即低价出让工业用地以招商引资、谋发展，高价出让商住用地以补偿财政收入，进而搭建以地融资信用模式撬动经济增长②，循环往复、周而复始。然而，上述模式运行需要一定的前提条件，商住用地的出让价格能否保持稳定上涨态势，开发商拿地热情是否高涨，很大程度上还要取决于商品房交易是否顺畅③，其中，房地产信贷支持、交易税费减免、住房公积金优惠、商品房预售条件宽松等一系列杠杆因素至关重要，因此，房地产市场化改革越深入、成效越显著，房地产金融、财税制度越朝着规范、理性、高效的方向发展，一头保民生、一头促发展，土地价值相应提高，地方政府财力扩张，教育科技预算支出随之增长，并带动企业社会资本深度参与，地区创新环境得以改善，创新驱动效能增强。

---

① 杨先明，李波. 土地出让市场化能否影响企业退出和资源配置效率？[J]. 经济管理，2018，40（11）：55-72.

② BAI C E, HSIEH C T, SONG Z M. The Long Shadow of a Fiscal Expansion [J]. National Bureau of Economic Research, 2016, 47（2）：129-181.

③ 余吉祥，沈坤荣. 城市建设用地指标的配置逻辑及其对住房市场的影响 [J]. 经济研究，2019，54（4）：116-132.

（三）高新产业集聚机制

高新技术产业集聚与经济增长质量息息相关。① 当前，现有研究普遍认为，影响高新技术产业集聚的主要因素包括知识溢出能力、新型基础设施水平、创新网络建设、制度环境、法制基础、人文氛围等，更加侧重软环境方面的竞争，相对而言，地方政府以地引资、税费减免等常规手段很难取得实效。房地产市场化改革有利于改善城乡居住和生活条件、促进商业、服务业、教育业、旅游业繁荣，公共基础设施建设水平增强的同时，又能够大大加速劳动力、资本、土地、技术、数据等生产要素的市场化配置，进而优化城市和区域投融资环境②，最终增强本地区对高新技术产业的吸引力和集聚力。

此外，我们也应当清醒地认识到，市场扭曲有"内生性扭曲"和"政策引致性扭曲"之分，政府主导下的房地产市场化改革可通过一系列政策措施有效缓解内生性扭曲，与此同时可能会造成新的政策引致性扭曲③。因此，坚持市场化改革大方向，因势利导减少和纠正扭曲现象是未来促进房地产业良性循环和健康发展的必然选择。

通过上述理论分析，我们最后得到如下研究假说：

H4：房地产市场化改革能够显著提高地区经济高质量发展水平。

H5：房地产市场化改革可通过人力资本提升机制促进地区经济高

---

① 胡安军，郭爱君，钟方雷，等. 高新技术产业集聚能够提高地区绿色经济效率吗？[J]. 中国人口·资源与环境，2018, 28（9）：93-101；朱喜安，张秀，李浩. 中国高新技术产业集聚与城镇化发展 [J]. 数量经济技术经济研究，2021, 38（3）：84-102.

② 江胜利. 房地产市场化与城市经济发展 [J]. 经济地理，1994（3）：54-57.

③ 事实上，并非所有的政府干预都会导致市场扭曲，只要政府主导的市场化改革能够遵循市场规律，减少行政限令式干预，均会带来市场效率的改善和稳步提高，反之市场制度性、结构性、政策性扭曲会越来越明显，长远上不利于房地产业良性循环和健康发展。

质量发展。

H6：房地产市场化改革可通过创新投入强化机制促进地区经济高质量发展。

H7：房地产市场化改革可通过高新产业集聚机制促进地区经济高质量发展。

第四节　本书的理论分析框架

根据以上分析，我们可以得到本书的理论分析框架（如图3-9所示）。其内在逻辑在于：房地产市场化改革通过建立和实施一系列市场化制度安排，如土地招拍挂制度、商品房预售制度、住房信贷制度、公积金制度、房产中介与服务制度、交易与产权制度等，一方面推动房地产市场规模发展壮大，进而通过产业联动、要素融合、融资激励三大效应拉动地区经济持续增长，在这一过程中，金融发挥的作用呈边际递减趋势。另一方面房地产市场化改革能够显著提升房地产市场资源配置能力，通过人力资本提升、创新投入强化、高新技术产业集聚三大机制提升地区全要素生产率，推动经济实现高质量发展，最终目标是促进房地产业健康发展与良性循环。

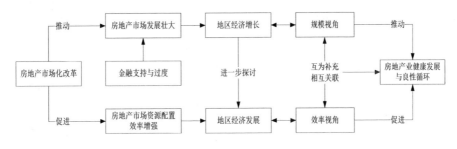

图3-9　本书的理论分析框架

第五节　本章小结

　　本章是全书的核心理论部分，主要探讨了两部分内容：第一，在有效市场与有为政府理论基础上深入分析"房地产市场化改革"的理论内涵、概念特征、构成要素、运行机制等，论证阐述了房地产市场化改革与房地产市场、政府宏观调控、长效机制建设等的理论关系和内在逻辑。第二，在前述基础上，充分借鉴制度变迁理论、市场扭曲理论、机制设计理论、政府规制理论、经济增长理论等思想精华，深入探讨房地产市场化改革驱动地区经济增长与高质量发展的理论机制与传导路径，并提出研究假设，最终搭建全书理论分析框架，为后续实证研究奠定理论分析基础。

第四章

中国房地产市场化指数设计与评价

　　本章在全书中起着承上启下的重要作用。我们在前述理论分析的基础上，依托现有数据结构，通过遴选关键指标，确定合适的测度模型与权重计算方法，最后得到 1999—2020 年我国 30 个省区市①的房地产市场化指数，并对其进行综合评价。后续第五、六、七章，我们将以本章计算得到的省际市场化指数作为核心解释变量，从实证层面进一步探讨房地产市场化改革与地区经济增长之间的内在关系，从而与第三章理论分析形成前后呼应。

---

　　① 由于西藏自治区数据缺失严重，且港澳台地区统计口径存在不一致问题，故本书数据暂不包含西藏自治区和港澳台地区。

第一节 房地产市场化指数设计

一、房地产市场化指标体系设计思路

如前所述，房地产市场化不是一个单一概念，它具有非常丰富的理论内涵和逻辑结构。因此，本书所构建出的指标体系不可能穷尽或涵盖房地产市场化改革所涉及的方方面面，而是立足于搭建一个较为完善和成熟的测度框架，能够准确对房地产领域各项改革的一般特征和成效得失进行一个基本的刻画和反映，从而对我国各省区市当前所处的发展阶段及其相对位序状况形成一个客观判断。从另一个角度看，房地产市场化水平的高低同时也是判断房地产市场要素扭曲程度和制度环境改善与否的重要依据，这对当前"构建更加完善的要素市场化配置体制机制，进一步激发全社会创造力和市场活力"无疑具有重要意义。

本书参照樊纲、王小鲁等学者①构建的市场化指数测度框架，结合中国房地产市场的自身特点②，同时考虑到预售制、库存积压、房企转型等房地产领域新趋势新动向，拟构建包括房地产市场与政府的关系、房地产要素市场发育程度、房地产市场非国有经济发展水平、商品房市场发育程度，以及房地产市场中介组织发育和法律制度环境五方面共20个具体指标的房地产市场化测度指标体系。具体如图4-1、表4-1所示。

---

① 樊纲，王小鲁，马光荣. 中国市场化进程对经济增长的贡献 [J]. 经济研究，2011，46（9）：4-16；王小鲁，胡李鹏，樊纲. 中国分省份市场化指数报告 [M]. 北京：社会科学文献出版社，2021：220-240.

② 倪鹏飞，白雨石. 中国城市房地产市场化测度研究 [J]. 财贸经济，2007（6）：85-90，116，129.

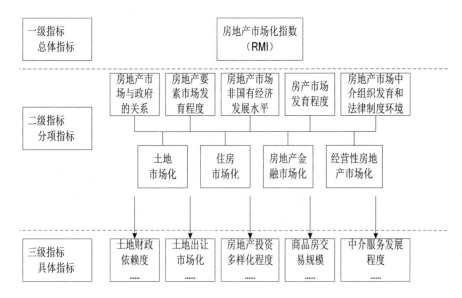

图 4-1 中国房地产市场化测度指标基本结构

表 4-1 中国房地产市场化水平的测度框架

方面指标	分项指标	基础指标	指标属性	单位
房地产市场与政府的关系	市场分配经济资源的比重	房地产开发投资占全社会固定资产投资额比重	正向指标	%
		土地出让金占比	负向指标	%
		房地产税费支出与房企经营总收入比值	负向指标	%
房地产要素市场发育程度	土地市场发育程度	土地招拍挂出让宗数与出让总宗数比值	正向指标	%
		土地违法涉案面积占土地供应总面积比	负向指标	%
	金融市场发育程度	房企资金来源中集资、定金及预付款、个人按揭贷款所占比重	正向指标	%
		房企资金来源中外商直接投资和对外借款所占比重	正向指标	%
		房企资金来源中国内贷款所占比重	正向指标	%

续表

方面指标	分项指标	基础指标	指标属性	单位
房地产市场非国有经济发展水平	非国有企业在房地产行业的地位	房地产开发企业中非国有企业从业人数占比	正向指标	%
		房地产开发企业中非国有企业数量占比	正向指标	%
		房地产开发企业中非国有企业资本规模占比	正向指标	%
		最高资质等级企业施工房屋面积占比	负向指标	%
商品房市场发育程度	商品房市场发育程度	近三年商品房销售面积与房屋竣工面积比值	正向指标	%
		房地产从业人数比重	正向指标	%
		个人住房消费支出占比	正向指标	%
		商品房待售面积与近三年房屋竣工面积均值之比	负向指标	%
房地产市场中介组织发育和法律制度环境	中介组织发育程度	房地产从业人数中物业管理从业人数占比	正向指标	%
		房地产从业人数中中介管理从业人数占比	正向指标	%
	法律制度环境状况	案件发生数与同期人口数比值	负向指标	件/万人
		本年结案件数/（年初未决案件数+本年立案件数）	正向指标	%

资料来源：作者自制。

（一）变量定义与说明

在指标获取原则方面，可获得性是首要考虑因素。某些指标可能理论上是可行的，如小产权房占比、二手房交易价格与新建商品房交易价格偏离程度等，但缺乏数据来源，则宁可暂缺，避免主观判断代替客观度量。另一些指标如住房保障建设支出占比（表征政府分配经济资源的力度）、"小学生在校生人数增长"①、就业增长率与就业人口自然增长率之差②、常住人口与户籍人口差额/户籍人口③、农民工就业占城镇新增就业人口比重等④（表征劳动力要素市场发育程度）虽然有数据，但多数年份缺失，或准确性、适用性不足，也难以入选。其次是有效性、连续性和客观性。详细指标内涵与计算方法具体如下：

1. 房地产市场与政府的关系（A）：该子系统由 3 个指标构成⑤。

房地产开发投资占全社会固定资产投资额比重（A1）：房地产开发投资是全社会固定资产投资（包括基本建设、更新改造和房地产投资）的重要组成部分⑥，二者比值的变动直接反映了代表市场力量的各类开发商对房地产市场前景和预期收益的基本看法，同时也反映出市场参与和优化要素资源配置的实际水平和发育程度，预期该指标与房地产市场化正相关。

土地财政依赖度（A2）：土地财政依赖度反映的是土地财政收入对地方政府收入的贡献程度。在我国现行财政体制下，土地出让金收入是地方财政收入的主要来源，地方财政甚至被称为"土地财政"。考虑到现阶段地方债务问题的紧迫性以及地方土地财政属性的特殊性，以财政收入结构是否合理为标准，土地出让金占比越大，表明政府对市场的干

① 武优勐. 公共服务集聚对劳动力流动的影响 [J]. 财经科学，2020（6）：120-132.
② 杨晓军. 户籍制度改革对大城市劳动力流入的影响——以中国的 123 个大城市为例 [J]. 城市问题，2017（1）：68-75.
③ 许岩，尹晓，尹希果. 劳动力流动与中国城市居民的工资变动 [J]. 人口与经济，2019（4）：47-64.
④ 该指标一般用于表征劳动力要素市场发育程度。
⑤ 理论上，住房保障建设支出占比是一个很好反映政府在分配经济资源过程中所起作用的关键指标（负向指标），但因该指标 2010 年以后才开始对外公布，时间跨度上难以匹配，故无法入选。
⑥ 张协奎，樊光义. 中国房地产压力指数构建及其实证分析 [J]. 城市问题，2016（11）：90-98.

预动机越强，市场化程度越低。参考牟燕、钱忠好①的做法，该指标计算公式如式（4-1）所示。预期该指标与房地产市场化负相关。

$$D_{it} = \frac{T_{it}}{JS_{it} + T_{it}} \tag{4-1}$$

其中，D_{it} 表示 i 省区第 t 年的土地财政依赖度，T_{it}、JS_{it} 分别表示土地出让金收入和地方政府本级收入决算数。

房企税费负担（A3）：目前从税种构成来看，我国房地产税收体系中共有 11 个相关税种，不规范的现象突出，且存在重复征税空间。考虑到房地产行业的独特性，本书选取与房地产业直接相关的五大税种（土地增值税、城镇土地使用税、契税、房产税、耕地占用税）进行统计分析，以此反映房地产企业的税费负担程度。本书采用房地产税费收入与房企经营总收入之比指标，预期该指标与房地产市场化负相关。

2. 房地产要素市场发育程度（B）：该子系统由土地、金融 2 个市场组成②，共 5 个指标。

土地市场发育程度（B1）：土地出让市场化（B11），按照常规做法，采用比例法，取土地招拍挂出让宗数与土地出让总宗数比值为代理变量。③ 预期该指标与房地产市场化正相关。土地闲置状况（B12），从实际来看，造成土地闲置的因素很多，如资金链断裂、企业自身开发

---

① 牟燕，钱忠好．地方政府土地财政依赖一定会推高城市一级土地市场化水平吗？——基于 2003—2015 年中国省级面板数据的检验［J］．中国土地科学，2018，32（10）：8-13，35.

② 劳动力要素市场发育状况是房地产要素市场的重要组成部分，但目前常用指标如"小学生在校生人数增长"（武优劢，2020）、就业增长率与就业人口自然增长率之差（杨晓军，2017）、常住人口与户籍人口差额除以户籍人口（许岩、尹晓等，2019）、农民工就业占城镇新增就业人口比重（樊纲等，2011）等均难以准确反映全国及省级层面劳动力要素市场流动和发育水平，且部分年份数据缺失较多，故无法入选。

③ 徐升艳，陈杰，赵刚．土地出让市场化如何促进经济增长［J］．中国工业经济，2018（3）：44-61.

策略转变、征地拆迁工作滞后、城市总体规划变动、坐地起价等，已授权未开工、开工后未持续跟进等均属于土地闲置行为①。但无论何种情形，一旦土地闲置的年限延长，必然涉及各种法律纠纷。因此，本书采用当年度发生土地违法案件涉及土地面积，与上年未结案件涉及土地面积之和占土地供应总面积之比，来表征土地闲置状况。土地闲置比例上升，则土地利用效率下降，预期该指标与房地产市场化负相关。

金融市场发育程度（B2）：商品房预售制度、个人信贷制度发展水平（B21），取本年度房地产开发企业资金来源中集资、定金及预付款、个人按揭贷款三部分所占比重进行表示。房地产投资开放度（B22），取本年度房地产开发企业资金来源中，外商直接投资和对外借款两部分所占比重。房地产金融深化程度（B23），取本年度房地产开发企业资金来源中国内贷款所占比重。一个周期内，如果房企所能动用和调配的预收款项、银行贷款、境外资本等比例增高，表明金融资源流动较为充分、投资信息透明客观，资金回收速率加快，外资进入门槛降低，表明房企投资开放度增强，预期该三项指标与房地产市场化正相关。

3. 房地产市场非国有经济发展水平（C）：该子系统共4个指标。

按房地产开发企业登记注册类型划分，本书分别选取除国有单位、集体单位、国有联营、集体联营、国有与集体联营、国有独资六个类型以外的房地产开发企业从业人数（C11）、企业个数（C12）和资本规模（C13）所占比例为房地产市场非国有经济发展（C1）的代理指标。预期该三项指标与房地产市场化正相关。垄断程度（C2）：本书借鉴倪鹏飞、白雨石②的做法，选取最高资质等级企业施工房屋面积占比

---

① 待开发土地面积属于前者，项目开工后即从待开发土地面积中予以扣除，在指标内涵上虽与土地闲置存在交叉，但数值存在虚高，且开工后未持续跟进投资导致的土地闲置情形更为普遍，故无法入选。

② 倪鹏飞，白雨石. 中国城市房地产市场化测度研究［J］. 财贸经济，2007（6）：85-90，116，129.

（C21）来表征房地产市场的垄断程度。考虑到部分省区如山西、吉林、海南等部分年份缺少一级或二级资质企业，本书选取的是三级及以上资质企业，预期该指标与房地产市场化负相关。

4. 商品房市场发育程度（D）：该子系统共4个指标。

商品房交易规模（D1）。市场交易规模和范围扩大是房地产市场化的重要标志，同时也是居民实现住房自由的主要途径。[①] 由于个别年份存在异常值，本书选取三年移动平均值，取近三年商品房销售面积与近三年房屋竣工面积比值来表征商品房交易规模。

房地产从业人数比重（D2）。取城镇就业人数中房地产业从业人数所占比重，具体包括四部分：开发经营企业从业、物业管理机构从业、中介服务机构从业和其他。

个人住房消费支出占比（D3）。从表面上看，住房消费支出比重与房地产市场化并无直接联系，但考虑到我国改革开放前长期实行低租金福利制度，住房消费占居民生活消费支出比重极小。后随着住房市场的发育，住房分配货币化改革使得住房支出水平逐步向市场租金水平靠拢，因此本书选取住房消费支出占比作为反映住房市场化的一个重要指标，预期该三项指标与房地产市场化正相关。

商品房空置状况（D4）。考虑到现有数据的完整情况，本书选取当年度商品房待售面积与近三年房屋竣工面积均值之比作为商品房空置状况的代理变量。理论上，商品房空置将导致房企库存不断积压，资金回收难度增强，整个市场活跃度下降，预期该指标与房地产市场化水平负相关。

5. 房地产市场中介组织发育和法律制度环境（E）：该子系统由中

---

① 曹振良，傅十和. 中国房地产市场化测度研究［J］. 中国房地产，1998（7）：13-22.

介组织发育（E1）和法律制度环境（E2）两方面构成，共 4 个指标。

中介组织发育（E1）：房地产物业管理（E11）、中介服务发展程度（E12）分别取房地产从业人数中物业管理机构从业人数、中介服务机构从业人数所占比重代替，预期该两项指标与房地产市场化水平正相关。

法律制度环境状况（E2）：土地违法案件发生率（E21），取一定时期内某一地区案件发生数与同期人口数的比值，一般是以万分比来表示的，即每万人中发生土地案件的次数，该指标用来表征土地权益被侵害的频次。一般而言，土地违法案件发生率越高，表明当地房地产开发过程中法律秩序紊乱，违法行为较为普遍，预期该指标与房地产市场化负相关。土地违法案件结案率（E22），指的是在一定时期内某一地区结案数与立案数的比值。本指标由以下公式计算得到：本年结案件数/（年初未决案件数+本年立案件数）×100%，预期该指标与房地产市场化负相关。

（二）数据来源

本章数据主要来自《中国房地产统计年鉴》（1999—2021）、《中国国土资源统计年鉴》（2005—2018）、《中国国土资源年鉴》（2000—2012）、《中国第三产业统计年鉴》（2000—2020）、《中国劳动统计年鉴》（2000—2021）、《中国人口和就业统计年鉴》（2000—2020）和Wind 数据库等。个别缺省值采用插值法或移动平均法补齐，西藏自治区由于缺省数据较多，且多处出现异常值，强行纳入计算将使得总指数及各项分指数权重受到较大影响，从而偏离正确轨道。故本书编制的省级市场化指数涵盖的是全国 30 个省级行政单位（暂未包含西藏自治区和港澳台地区）。此外，由于 2019 年、2020 年、2021 年《中国国土资源统计年鉴》未发布，所以涉及土地出让、土地违法、土地成交价款等具体指标通过拟合法得到①。最终本书构建的房地产市场化指数时间跨度为 1999—2020 年。

二、权重选择

国内外研究经验表明，无论构建何种指数，权重的选择都是至关重要的。一般认为，客观权重法优于主观权重法，优点是能有效避免主观人为因素的影响，杜绝随意性。例如，樊纲、王小鲁等学者构建的市场化指数先后采用的是主成分分析法和等权重法，丁艳、李永奎②构建的建筑业市场化指数测度方法也是等权重法，国外如联合国人类发展指数、经济脆弱度指数、美国传统基金会经济自由度指数等也均采用等权重法，其他如金融压力指数通常采用 CRITIC 赋权法③、因子分析法④，经济高质量发展指数采用熵权 TOPSIS 赋权法⑤、熵值法⑥、等权重法⑦等。综合而言，等权重法简单明了，易于被各方接受，既可适用于截面数据、时间序列数据，又可对面板数据进行测度分析；主成分分析法优

① 韦倩，王安，王杰. 中国沿海地区的崛起：市场的力量 [J]. 经济研究，2014，49（8）：170-183；李言，高波，雷红. 中国地区要素生产率的变迁：1978—2016 [J]. 数量经济技术经济研究，2018，35（10）：21-39.

② 丁艳，李永奎. 建筑业市场化进程测度：2003—2012 年 [J]. 改革，2015（4）：125-134；刘瑞兴. 金融压力对中国实体经济冲击研究 [J]. 数量经济技术经济研究，2015（6）：147-160.

③ 邓创，赵珂. 中国的金融压力及其对宏观经济景气的影响动态 [J]. 财经研究，2018，44（7）：86-98，113.

④ 徐国祥，李波. 中国金融压力指数的构建及动态传导效应研究 [J]. 统计研究，2017，34（4）：59-71.

⑤ 魏敏，李书昊. 新时代中国经济高质量发展水平的测度研究 [J]. 数量经济技术经济研究，2018，35（11）：3-20；简新华，聂长飞. 中国高质量发展的测度：1978—2018 [J]. 经济学家，2020（6）：49-58.

⑥ 魏敏，李书昊. 新常态下中国经济增长质量的评价体系构建与测度 [J]. 经济学家，2018（4）：19-26.

⑦ 师博，张冰瑶. 全国地级以上城市经济高质量发展测度与分析 [J]. 社会科学研究，2019（3）：19-27.

点在于降维①，且充分考虑了各指标变量之间的内生性，缺点是降维会导致原始变量经济内涵的损失，当评价指标过多时，对最终测度结果是否准确需要进一步验证。此外，该方法无法用于面板数据的测度分析，需采用更为科学先进的全局主成分分析方法，但该方法尚存在一定争议。熵权法主要根据指标变量之间的变异性大小来确定权重，CRITIC赋权法在此基础上还考虑到了指标之间的冲突性，并且随着选取指标时间跨度的增大，能适时对权重进行及时调整。熵权 TOPSIS 赋权法是将熵权法与 TOPSIS 法相结合，在前者计算结果基础上，通过比对各测度对象与最优方案、最劣方案之间的相对距离进行量化排序，更具有科学性和客观性。

本书所要构建的房地产市场化指数（RMI）包括两个层级，首先是1999—2020 年中国房地产市场化总指数，属时间序列数据分析；其次是构建 1999—2020 年中国 30 个省级行政区房地产市场化指数，属面板数据分析。鉴于此，本书所要选取的权重确定方法也主要分为两类，首先是选择熵权 TOPSIS 法完成 1999—2020 年中国房地产市场化总指数构建，为增强测度结果的稳健性和科学性，同时将熵权法、等权重法和CRITIC 赋权法测度结果列出，通过综合对比分析，得出指数变动的一般性规律和特征。其次，采用近年来学者们较为常用的纵横向拉开档次法，对 30 个省区的面板数据进行指数构建，该方法适用于动态综合评价问题，同时又能有效避免熵权法、因子分析法、CRITIC 赋权法、主成分分析法等一般静态综合评价方法造成的权重跨期不一致而使结果跨期不可比等问题，是一个适用于三维立体数据处理的好选择。本书将用这一方法来完成 1999—2020 年中国 30 个省级行政区房地产市场化指数

---

① 韩永辉，韦东明，谭锐．"一带一路"沿线国家投资价值评估研究——基于 GPCA 模型的测算分析［J］. 国际经贸探索，2019，35（12）：41-56.

的编制工作。

第二节　1999—2020 年中国房地产市场化总指数构建与评价

一、熵权 TOPSIS 法

借鉴魏敏、李书昊[1]，简新华、聂长飞[2]的做法，本书构建基于熵权 TOPSIS 赋权方法的房地产市场化测度模型。

具体步骤如下：

第一步，消除量纲影响。对各指标进行无量纲化处理，计算公式如下。

正指标：

$$s_{tj} = \frac{(V_{tj}) - \min(V_{tj})}{\max(V_{tj}) - \min(V_{tj})} + 1 \tag{4-2}$$

逆指标：

$$s_{tj} = \frac{\max(V_{tj}) - (V_{tj})}{\max(V_{tj}) - \min(V_{tj})} + 1 \tag{4-3}$$

其中，V_{tj} 表示第 t 年第 j 个指标的原始值，$\max(V_{tj})$、$\min(V_{tj})$ 分别表示 V_{tj} 的最大值和最小值，s_{tj} 表示第 t 年第 j 个指标的标准化值。

第二步，计算 s_{tj} 的信息熵 E_j：

---

[1] 魏敏，李书昊. 新时代中国经济高质量发展水平的测度研究 [J]. 数量经济技术经济研究，2018，35（11）：3-20.

[2] 简新华，聂长飞. 中国高质量发展的测度：1978—2018 [J]. 经济学家，2020（6）：49-58.

$$E_j = -\ln\left(\frac{1}{n}\right)\sum_{t=1}^{T}\left[\left(\frac{s_{tj}}{\sum\limits_{t=1}^{T}(s_{tj})}\right)\times\ln\left(\frac{s_{tj}}{\sum\limits_{t=1}^{T}s_{tj}}\right)\right] \tag{4-4}$$

第三步，计算权重W_j：

$$W_j = \frac{1-E_j}{\sum\limits_{j=1}^{m}(1-E_j)} \tag{4-5}$$

第四步，构建加权矩阵R：

$$R = (r_{tj})_{n\times m} \tag{4-6}$$

其中，$r_{tj} = s_{tj}\times W_j$。

第五步，根据加权矩阵R确定最优系统Q_j^+和最劣系统Q_j^-：

最优系统：

$$Q_j^+ = \left[\max(r_{t1}),\ \max(r_{t2}),\ \cdots\max(r_{tm})\right] \tag{4-7}$$

最劣系统：

$$Q_j^- = \left[\min(r_{t1}),\ \min(r_{t2}),\ \cdots\min(r_{tm})\right] \tag{4-8}$$

第六步，计算各测度方案与最优系统Q_j^+和最劣系统Q_j^-之间的欧氏距离d_j^+、d_j^-：

$$d_j^+ = \sqrt{\sum_{j=1}^{m}\left(Q_j^+ - r_{tj}\right)^2} \tag{4-9}$$

$$d_j^- = \sqrt{\sum_{j=1}^{m}\left(Q_j^- - r_{tj}\right)^2} \tag{4-10}$$

第七步，计算各测度方案与理想系统的贴近度W_t：

$$W_t = \frac{d_j^-}{d_j^+ + d_j^-} \tag{4-11}$$

其中，W_t就是第t年全国房地产市场化总指数，W_t介于0和1之间，数值越大，表明房地产市场化水平越高。

二、中国房地产市场化水平的总体评价

基于熵权 TOPSIS 方法计算得到 1999—2020 年中国房地产市场化的总体测度结果，如表 4-2 所示。其中，第三到第五列分别是熵权法、等权重法、CRITIC 赋权法测度结果，作为对比分析的依据。结果显示，1999—2020 年，中国房地产市场化总体水平呈现不断上升态势，总指数由 1999 年年末的 0.4171，上升到 2020 年年末的 0.6077，年均增长 1.81%。充分表明，1999—2020 年，中国房地产市场资源配置效率持续增强，土地、资本、劳动力等要素资源流动速率不断加快，配置范围逐年扩大，房地产市场得以通过自身的发展充分带动国民经济上下游行业实现联动发展。分阶段看，1999—2020 年，中国房地产市场化进程主要经历了三个比较明显的发展阶段。第一阶段是 1999—2002 年，四年间房地产市场化总指数从 0.4171 上升到 0.4984，年均增长 6.12%；第二阶段是 2003—2009 年，七年间房地产市场化总指数从 0.4130 上升到 0.5356，年均增长 4.43%；第三阶段是 2011—2020 年（2009—2011 年经历短暂下降），十年间房地产市场化总指数从 0.4859 上升到 0.6077，年均增长 2.52%。可以发现，1999—2020 年，中国房地产市场化总水平虽然在不断提升，但增长速率呈现边际递减趋势。显然，房地产领域的市场化改革开始由浅水区向深水区过渡和转变，一些积存多年的深层次顽瘴痼疾逐渐凸显，进一步深化改革经受考验。熵权法、等权重法、CRITIC 赋权法等测度结果总体变动趋势与熵权 TOPSIS 法基本相吻合，本书指数的可靠性得到有效印证（如图 4-2 所示）。

表 4-2　1999—2020 年中国房地产市场化的总体测度结果

年份	熵权 TOPSIS 法	熵权法	等权重法	CRITIC 赋权法
1999	0.4171	1.3468	0.3291	0.3841

续表

年份	熵权 TOPSIS 法	熵权法	等权重法	CRITIC 赋权法
2000	0.4602	1.4209	0.4105	0.4762
2001	0.4670	1.4559	0.4658	0.5177
2002	0.4984	1.5028	0.5100	0.5374
2003	0.4130	1.4111	0.4484	0.4512
2004	0.4175	1.4328	0.4791	0.4515
2005	0.4303	1.4570	0.5028	0.5000
2006	0.4230	1.4469	0.4939	0.4662
2007	0.4623	1.4937	0.5364	0.5017
2008	0.4807	1.5022	0.5329	0.5090
2009	0.5356	1.5581	0.5745	0.5225
2010	0.5215	1.5445	0.5654	0.4971
2011	0.4859	1.5017	0.5298	0.4559
2012	0.5020	1.5179	0.5387	0.4544
2013	0.5567	1.5855	0.6029	0.5108
2014	0.5501	1.5634	0.5672	0.4614
2015	0.5612	1.5694	0.5593	0.4446
2016	0.6020	1.6327	0.6282	0.5300
2017	0.6084	1.6375	0.6254	0.5081
2018	0.6346	1.6780	0.6707	0.5658
2019	0.6451	1.7111	0.7030	0.5931
2020	0.6077	1.6788	0.6881	0.5858

数据来源：根据式（4-11）计算得到。

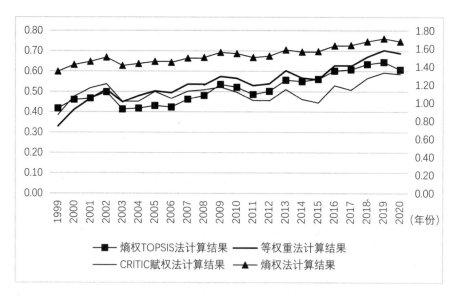

图4-2 1999—2020年中国房地产市场化总体水平变动趋势

从分项指数看（如图4-3所示），政府与市场关系改进指数2001年后呈逐年下降趋势，表明政府配置资源的能力不断加强，市场职能受到削弱，从指标值构成来看，主要是土地财政依赖度和房地产税费负担加重所致。房地产要素市场发育指数从2004年后开始上升，并逐步稳定在0.6左右。房地产市场非国有经济发展指数呈现逐年上升态势，充分体现了政府对多种所有制经济多元化发展格局的重视和支持，民营经济、外资经济等逐渐在我国房地产市场占据重要地位。商品房市场发育指数从1999年开始逐年上升，2007—2013年持续稳定在0.5水平线，此后由于库存积压严重出现短暂下滑，2015年中央提出"化解房地产去库存"后，各地积极响应，库存问题得到一定程度缓解，商品房市场发育指数再度上升，2020年超过0.7。房地产市场中介组织发育和法律制度环境改善指数也基本呈现上升态势，前期因体制机制不够健全等原因导致数值波动较大，2011年以后逐渐得到提高，2019年达到最高水平，约为 0.82，2020 年受疫情影响，有所下降。

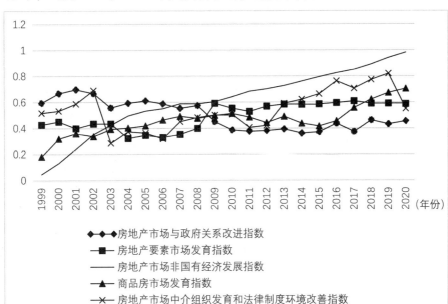

图 4-3　1999—2020 年中国房地产市场化分项指数变动趋势

第三节　1999—2020 年省际房地产
市场化指数设计与评价

一、纵横向拉开档次法

我们借鉴郭亚军①，刘思明、张世瑾等②，聂长飞、简新华③学者

① 郭亚军．一种新的动态综合评价方法［J］．管理科学学报，2002（2）：49-54.
② 刘思明，张世瑾，朱惠东．国家创新驱动力测度及其经济高质量发展效应研究［J］．
数量经济技术经济研究，2019，36（4）：3-23.
③ 聂长飞，简新华．中国高质量发展的测度及省际现状的分析比较［J］．数量经济技
术经济研究，2020，37（2）：26-47.

的做法，采用纵横向拉开档次法处理面板数据的动态评价和赋权问题。

具体步骤如下。

首先，设综合评价函数为：

$$y_i(t_k) = \sum_{j=1}^{m} \omega_j x_{ij}(t_k) \tag{4-12}$$

其中，i 代表省份，j 代表指标，k 代表年份。ω_j 表示权重，$x_{ij}(t_k)$ 表示省份 i 第 j 个指标在 t_k 年的标准化值。

纵横向拉开档次法确定权重向量的总原则是在时序立体数据表上，将各评价对象之间的差异最大化表现出来。于是，我们可以得到 n 个评价对象的总离差平方和：

$$\sigma^2 = \sum_{k=1}^{N} \sum_{i=1}^{n} [y_i(t_k) - \bar{y}]^2 \tag{4-13}$$

由于 $x_{ij}(t_k)$ 是标准化处理的结果，于是有：

$$\sigma^2 = \sum_{k=1}^{N} \sum_{i=1}^{n} [y_i(t_k) - \bar{y}]^2 = \sum_{k=1}^{N} \sum_{i=1}^{n} [y_i(t_k)]^2 \tag{4-14}$$

经过化解，最终可以得到：

$$\sigma^2 = \omega^T \sum_{k=1}^{N} H_k \omega = \omega^T H \omega \tag{4-15}$$

其中，$H = \sum_{k=1}^{N} H_k$ 为 $m \times m$ 阶对称矩阵，$H_k = X_k^T X_k$。

我们可以证明，若令 $\omega^T \omega = 1$，当取 ω 为矩阵 H 的最大特征值所对应的特征向量时，σ^2 达到最大值。因此，我们可以将上述推导过程简化为一个求解线性规划的问题，即

$$\max(\omega^T H \omega) \ s.t. \|\omega\| = 1 \tag{4-16}$$

为确保最终求得的权重非负，我们可以增加限制条件：$\omega > 0$。

表 4-3 动态综合评价权重计算结果

方面指标	分项指标	基础指标	指标属性	单位	权重
房地产市场与政府的关系	市场分配经济资源的比重	房地产开发投资占全社会固定资产投资额比重	正向指标	%	0.0232
		土地出让金占比	负向指标	%	0.0544
		房地产税费支出与房企经营总收入比值	负向指标	%	0.0615
房地产要素市场发育程度	土地市场发育程度	土地招拍挂出让宗数与出让总宗数比值	正向指标	%	0.0435
		土地违法涉案面积占土地供应总面积比	负向指标	%	0.0802
	金融市场发育程度	房企资金来源中集资、定金及预付款、个人按揭贷款所占比重	正向指标	%	0.0587
		房企资金来源中外商直接投资和对外借款所占比重	正向指标	%	0.0206
		房企资金来源中国内贷款所占比重	正向指标	%	0.0443
房地产市场非国有经济发展水平	非国有企业在房地产行业的地位	房地产开发企业中非国有企业从业人数占比	正向指标	%	0.0602
		房地产开发企业中非国有企业数量占比	正向指标	%	0.0602
房地产市场非国有经济发展水平	非国有企业在房地产行业的地位	房地产开发企业中非国有企业资本规模占比	正向指标	%	0.0601
		最高资质等级企业施工房屋面积占比	负向指标	%	0.0507
商品房市场发育程度	商品房市场发育程度	近三年商品房销售面积与房屋竣工面积比值	正向指标	%	0.0415
		房地产从业人数比重	正向指标	%	0.0214
		个人住房消费支出占比	正向指标	%	0.0423
		商品房待售面积与近三年房屋竣工面积均值之比	负向指标	%	0.0646

续表

方面指标	分项指标	基础指标	指标属性	单位	权重
房地产市场中介组织发育和法律制度环境	中介组织发育程度	房地产从业人数中物业管理从业人数占比	正向指标	%	0.0441
		房地产从业人数中中介管理从业人数占比	正向指标	%	0.0270
	法律制度环境状况	案件发生数与同期人口数比值	负向指标	件/万人	0.0721
		本年结案件数/（年初未决案件数+本年立案件数）	正向指标	%	0.0695

资料来源：作者自制。

二、定基功效系数法

我们借鉴王小鲁等[1]，聂长飞、简新华[2]学者的做法，以 1999 年为基期，对原始数据进行标准化处理。这一方法的优点在于既能使合成后的指数跨年度可比，同时又保证了指数变动趋势的总体平稳。

正向指标：

$$s_{ij(t_i)} = \frac{V_{ij(t_i)} - \min[V_{j(t_i)}]}{\max[V_{j(t_i)}] - \min[V_{j(t_i)}]} \qquad (4-17)$$

逆向指标：

$$s_{ij(t_i)} = \frac{\max[V_{j(t_i)}] - V_{ij(t_i)}}{\max[V_{j(t_i)}] - \min[V_{j(t_i)}]} \qquad (4-18)$$

其中，$V_{ij(t_i)}$ 表示第 t 年第 i 个省份 j 个指标的原始值，$\max[V_{j(t_i)}]$、$\min[V_{j(t_i)}]$ 分别表示 $V_{ij(t_i)}$ 在基期（1999 年）所有省份中的最大值和最小值，$s_{ij(t_i)}$ 表示第 t 年第 i 个省份第 j 个指标的标准化值。

---

① 王小鲁，胡李鹏，樊纲. 中国分省份市场化指数报告 [M]. 北京：社会科学文献出版社，2021.

② 聂长飞，简新华. 中国高质量发展的测度及省际现状的分析比较 [J]. 数量经济技术经济研究，2020，37（2）：26-47.

三、指数合成

按照线性加权法进行指数合成，计算公式如下：

$$\text{RMI}_{i(t_k)} = \sum_{j=1}^{20} \omega_j \, s_{ij(t_k)} \tag{4-19}$$

其中，$\text{RMI}_{i(t_k)}$ 表示第 i 个省份第 t 年的房地产市场化指数值，ω_j 为纵横向拉开档次法计算得到的指标权重。

四、省际测度结果分析

（一）总体分析

和大多数市场化指数一样，本书构建的房地产市场化指数（RMI）并非对房地产市场化绝对程度的测度，其数值本身并不能表明各地区"离纯粹的市场经济还有多远"[1]。本书旨在测度的是房地产市场化水平的相对变动趋势，具体到省级层面，某一年份房地产市场化指数表示的是，该省份与当时房地产市场化程度最高和最低的省份相比，所处的相对位置，数值越高，表明该省份在房地产领域的要素资源配置效率比其他省份更强，市场化改革更为深入和彻底，反之亦然。

根据纵横向拉开档次法计算得到 1999—2020 年全国大部分省（区、市）房地产市场化指数计算结果（暂未统计西藏、港、澳、台），如表 4-4 所示。受篇幅所限，本章按照年份的重要性分别列出测度结果。

---

[1]　因为迄今为止经济学理论和实践并没有给出一个百分之百房地产市场化的模式和范例，想以一个"纯粹的"市场经济为参照系来衡量市场化的绝对程度是不现实的。

表 4-4　1999—2020 年我国大部分省区房地产市场化指数

地区	省份	1999	2003	2005	2009	2013	2017	2019	2020	年均增长率（%）
东部地区	北京	0.63	0.64	0.68	0.53	0.54	0.46	0.48	0.47	−1.39
	天津	0.67	0.51	0.56	0.52	0.57	0.56	0.53	0.52	−1.20
	河北	0.56	0.56	0.67	0.61	0.62	0.61	0.65	0.65	0.71
	上海	0.68	0.71	0.67	0.66	0.75	0.66	0.70	0.70	0.14
	江苏	0.57	0.50	0.57	0.61	0.66	0.62	0.66	0.66	0.70
	浙江	0.60	0.63	0.55	0.63	0.66	0.64	0.65	0.66	0.45
	福建	0.70	0.61	0.54	0.58	0.62	0.56	0.52	0.52	−1.41
	山东	0.51	0.42	0.49	0.58	0.62	0.59	0.63	0.64	1.09
	广东	0.60	0.64	0.61	0.58	0.68	0.63	0.64	0.64	0.31
	海南	0.48	0.50	0.64	0.67	0.55	0.58	0.60	0.60	1.07
	均值	0.60	0.57	0.60	0.59	0.63	0.59	0.61	0.61	0.08
中部地区	山西	0.44	0.47	0.48	0.55	0.57	0.61	0.61	0.62	1.65
	安徽	0.58	0.52	0.54	0.55	0.61	0.62	0.62	0.62	0.32
	江西	0.59	0.59	0.60	0.58	0.65	0.67	0.64	0.65	0.46
	河南	0.60	0.59	0.56	0.62	0.62	0.61	0.63	0.63	0.23
	湖北	0.56	0.50	0.51	0.52	0.60	0.62	0.60	0.61	0.41
	湖南	0.53	0.54	0.53	0.58	0.64	0.61	0.63	0.63	0.83
	均值	0.56	0.53	0.54	0.57	0.61	0.60	0.61	0.61	0.41

续表

地区	省份	1999	2003	2005	2009	2013	2017	2019	2020	年均增长率（%）
西部地区	内蒙古	0.63	0.58	0.61	0.62	0.60	0.55	0.54	0.54	−0.73
	广西	0.49	0.54	0.57	0.58	0.59	0.52	0.59	0.59	0.89
	重庆	0.61	0.67	0.64	0.64	0.64	0.56	0.61	0.61	0.00
	四川	0.64	0.60	0.58	0.54	0.58	0.58	0.55	0.55	−0.72
	贵州	0.57	0.56	0.55	0.58	0.57	0.56	0.58	0.58	0.08
	云南	0.69	0.59	0.70	0.65	0.62	0.59	0.59	0.59	−0.74
	陕西	0.58	0.50	0.49	0.63	0.65	0.56	0.64	0.65	0.54
	甘肃	0.59	0.52	0.57	0.59	0.61	0.58	0.61	0.61	0.16
	青海	0.63	0.57	0.50	0.55	0.61	0.47	0.48	0.47	−1.39
	宁夏	0.59	0.63	0.56	0.57	0.59	0.57	0.56	0.56	−0.25
	新疆	0.60	0.62	0.58	0.61	0.65	0.55	0.60	0.60	0.00
	均值	0.60	0.58	0.58	0.60	0.61	0.55	0.58	0.58	−0.16
东北地区	黑龙江	0.58	0.50	0.55	0.56	0.58	0.50	0.52	0.52	−0.52
	吉林	0.57	0.56	0.57	0.60	0.64	0.56	0.60	0.60	0.24
	辽宁	0.60	0.55	0.58	0.55	0.65	0.62	0.65	0.65	0.38
全国均值		0.59	0.56	0.57	0.59	0.62	0.58	0.60	0.60	0.08

数据来源：作者计算得到。

备注：受篇幅限制，我们挑选重要年份进行指数汇报。

表4-4结果显示，2020年年末，房地产市场化水平排名前五位的省份分别是上海（0.70）、江苏（0.66），浙江（0.66）、河北（0.65）、辽宁（0.65），排名后五位的省份分别是青海（0.47）、北京（0.47）、

福建（0.52）、黑龙江（0.52）、天津（0.52）。由此可见，京津两地由于其位置的特殊性、就业前景广阔，以及住房消费和投机需求的极度旺盛，导致近年来政府行政干预频繁，市场自由度下降。与此相对应，上海、江苏、浙江等（包括安徽省，0.62）长三角地区由于多年来持续重视市场主体的培育、体制机制的放活、经济治理经验的积累，虽面对愈演愈烈的炒房投机和房价上涨压力，同样采取了以"限"为主的调控思路，但总体上较为温和，对市场的行政干预力度处于合理可控区间。同样地，作为粤港澳大湾区的核心省份，广东省2020年房地产市场化指数值为0.64，与长三角地区接近，表明广东多年来在处理房地产市场与政府关系过程中基本做到了进退得当，既通过一系列市场化改革举措，支持和推动域内房地产市场的发展壮大，同时政府干预又不至于太过度。成渝城市群中，重庆、四川2020年指数值分别为0.61、0.55，基本上能够相互匹配，相得益彰。长江中游城市群涵盖的湖北（0.61）、湖南（0.63）、江西（0.65）三省的房地产市场化改革成效也较为显著，但跟重庆、广东、四川相比，存在过度市场化倾向。

增速方面，1999—2020年，全国指数均值年均增长率为0.08%，共有19个省份超过这一增速，增速排名前五位的省份分别为山西、山东、海南、广西、湖南，应当警惕市场化改革进程是否过快，政府应当及时进行干预。增速排名后五位的省市分别是福建、青海、北京、天津、云南。

分地区看，东部地区房地产市场化指数均值于2013年达到最高值0.63，此后处于下降趋势，2017年降到最低值0.59，基本反映了党的十八大以来，中央提出"房住不炒"定位。各地尤其是东部地区加大行政干预力度，采取以"限"为主的调控思路造成市场动荡，但随后2019年、2020年基本回升到0.61左右。中部地区房地产市场化指数均值呈现不断上升态势，年均增长率达到0.41%，2013—2020年始终处于 0.60~0.61。与此相比，西部地区指数值多年来呈下降趋势，年均增长率为 -0.16%，同样是 2013 年达到最高值，2017 年跌入谷底，此后回升缓慢。充分说明，各地当前以"限"为主的房地产市场发展思路短期内易取得成效，但从长远看，不利于房地产业的健康发展和良性循环。

（二）动态演进分析

我们运用高斯核函数进行核密度估计，进一步分析 1999—2020 年本书统计的 30 个省区房地产市场化指数的动态演进规律和分布特征。如图 4-4 所示，中部地区核密度曲线的波峰总体呈递增趋势，且不断向右偏移，波宽随之收紧，说明该区域房地产市场化水平不断升高的同时，整体差异在逐渐缩小。东部地区核密度曲线先左移后右偏移趋势明显，总体为右移，波峰经历了先上升后下降的动态过程，总体表现为上升，但波宽变化不明显。西部地区核密度曲线波峰呈现"下降—上升—下降"的动态过程，开口宽度逐渐增大，平移趋势不显著，说明西部地区总体差异呈扩大趋势，基本符合预期。我们还借鉴盛来运、郑鑫等①，杨明洪、巨栋等②学者的做法，再从传统地理和经济地理③两个视角对南北地区房地产市场化水平进行分析，如图 4-5 所示。以传统地理方法划分的北方地区核密度曲线波峰呈"下降—上升—下降"的趋势，总体表现为下降，波宽逐渐扩大，表明北方地区整体差异有扩

---

① 盛来运，郑鑫，周平，等. 我国经济发展南北差距扩大的原因分析 [J]. 管理世界，2018，34（9）：16-24.
② 杨明洪，巨栋，涂开均. "南北差距"：中国区域发展格局演化的事实、成因与政策响应 [J]. 经济理论与经济管理，2021，41（4）：97-112.
③ 传统地理划分南北以秦岭—淮河为界，北方地区包含北京、天津、河北、山西、辽宁、吉林、黑龙江、山东、河南、内蒙古、陕西、甘肃、宁夏、青海、新疆共 15 个省区市，其余为南方地区。经济地理学将山东、河南归为南方地区，其余相同。

大趋势，而南方地区正好相反。原因在于，南方各省区房地产市场发育状况良好，且相互之间供需联系频繁，市场范围日渐扩大，而北方则在体制机制方面存在诸多桎梏，且多年来改革成效微弱，各地区差异较为显著。从经济地理视角划分的南北方核密度曲线走势与之基本吻合。

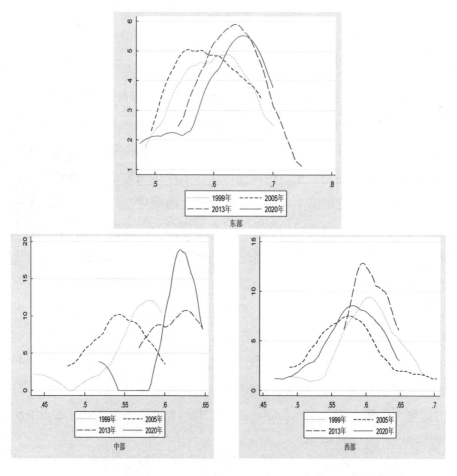

图4-4 代表性年份东、中、西部省区房地产市场化指数核密度曲线

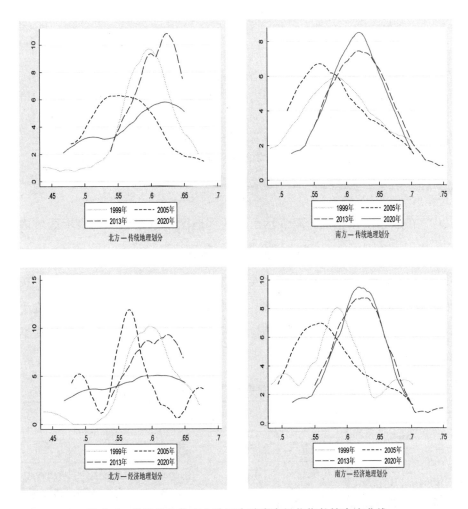

图4-5 代表性年份南北地区房地产市场化指数核密度曲线

（三）区域差异分析

按照大多数学者的做法，我们通过计算泰尔指数来反映区域内部与区际之间的差异状况。具体计算公式如下：

$$T = \frac{1}{n} \sum_{i=1}^{n} \left[\frac{Y_i}{\overline{Y}} \times \ln\left(\frac{Y_i}{\overline{Y}}\right) \right] \tag{4-20}$$

$$T_p = \frac{1}{n_p} \sum_{i=1}^{n_p} \left[\frac{Y_{pi}}{Y_p} \times \ln\left(\frac{Y_{pi}}{Y_p}\right) \right] \tag{4-21}$$

$$T = T_w + T_b = \frac{1}{n_p} \sum_{p=1}^{3} \left[\frac{n_p}{n} \times \frac{\overline{Y_p}}{\overline{Y}} \times T_p \right] + \frac{1}{n_p} \sum_{p=1}^{3} \left[\frac{n_p}{n} \times \frac{\overline{Y_p}}{\overline{Y}} \times \ln\left(\frac{\overline{Y_p}}{\overline{Y}}\right) \right]$$

$$\tag{4-22}$$

其中，T 表示泰尔指数，T_p 表示东中西部地区泰尔指数，T_w 表示区域内差异泰尔指数，T_b 表示区域间差异泰尔指数。$\overline{Y}$、$\overline{Y_p}$ 表示指数均值。此外，i 表示省份，n、n_p 分别表示全国省份数量和三大区域省份数量。按照泰尔指数的原理，指数值越高，表明差异越大，但取值范围始终位于 $0 \sim 1$。1999—2020 年东中西部地区房地产市场化指数的泰尔指数及其结构分解如表 4-5 所示。

表 4-5　1999—2020 年东中西部地区房地产市场化指数的泰尔指数及其结构分解

年份	总体差异	区域内差异				区域间差异
		总体	东部	中部	西部	
1999	0.0050	0.0045 (88.87)	0.0060 (44.46)	0.0041 (20.65)	0.0032 (23.76)	0.0006 (11.13)
2000	0.0044	0.0041 (91.89)	0.0060 (50.23)	0.0019 (11.09)	0.0036 (30.57)	0.0004 (8.11)
2001	0.0045	0.0040 (88.62)	0.0061 (50.32)	0.0024 (13.54)	0.0029 (24.76)	0.0005 (11.38)
2002	0.0080	0.0077 (95.89)	0.0106 (48.71)	0.0019 (6.06)	0.0088 (41.12)	0.0003 (4.11)

续表

年份	总体差异	区域内差异				区域间差异
		总体	东部	中部	西部	
2003	0.0063	0.0057 (90.91)	0.0099 (58.31)	0.0029 (11.72)	0.0035 (20.89)	0.0006 (9.09)
2004	0.0042	0.0035 (84.34)	0.0036 (32.48)	0.0019 (11.15)	0.0046 (40.72)	0.0007 (15.66)
2005	0.0048	0.0042 (86.05)	0.0049 (38.52)	0.0021 (10.85)	0.0048 (36.68)	0.0007 (13.95)
2006	0.0047	0.0043 (90.79)	0.0071 (56.66)	0.0016 (8.40)	0.0033 (25.74)	0.0004 (9.21)
2007	0.0032	0.0030 (95.63)	0.0041 (48.44)	0.0009 (7.14)	0.0035 (40.04)	0.0001 (4.37)
2008	0.0053	0.0048 (90.60)	0.0069 (48.71)	0.0032 (15.31)	0.0039 (26.58)	0.0005 (9.40)
2009	0.0023	0.0021 (92.31)	0.0030 (49.31)	0.0013 (14.19)	0.0018 (28.80)	0.0002 (7.69)
2010	0.0023	0.0021 (89.96)	0.0029 (46.16)	0.0015 (16.78)	0.0017 (27.02)	0.0002 (10.04)
2011	0.0022	0.0021 (96.85)	0.0016 (26.20)	0.0022 (26.11)	0.0027 (44.54)	0.0001 (3.15)
2012	0.0018	0.0018 (97.84)	0.0021 (43.29)	0.0005 (7.90)	0.0024 (46.65)	0.0000 (2.16)
2013	0.0023	0.0022 (94.92)	0.0043 (68.60)	0.0011 (12.61)	0.0009 (13.70)	0.0001 (5.08)
2014	0.0038	0.0038 (99.39)	0.0050 (48.03)	0.0024 (16.66)	0.0036 (34.71)	0.0000 (0.61)

续表

年份	总体差异	区域内差异				区域间差异
		总体	东部	中部	西部	
2015	0.0049	0.0047 (96.66)	0.0082 (62.18)	0.0022 (12.13)	0.0031 (22.35)	0.0002 (3.34)
2016	0.0036	0.0034 (95.01)	0.0049 (50.98)	0.0030 (21.98)	0.0022 (22.05)	0.0002 (4.99)
2017	0.0036	0.0030 (83.19)	0.0039 (41.25)	0.0031 (23.88)	0.0018 (18.06)	0.0006 (16.81)
2018	0.0035	0.0032 (92.80)	0.0052 (55.64)	0.0016 (12.59)	0.0024 (24.58)	0.0003 (7.20)
2019	0.0040	0.0037 (92.40)	0.0059 (55.40)	0.0018 (11.99)	0.0028 (25.01)	0.0003 (7.60)
2020	0.0045	0.0042 (92.01)	0.0067 (55.13)	0.0019 (11.47)	0.0033 (25.41)	0.0004 (7.99)

数据来源：作者计算得到。

备注：括号内部为贡献率，单位%，其中 T_w 计算结果如第三列所示，T_b 计算结果如第七列所示。表内泰尔指数是近似值，而贡献率采用原始值计算得到，故二者存在细微差别，下同。

表4-5结果表明，1999—2020年，本书统计的30个省区总体泰尔指数呈先下降后上升的特征，2012年为最低值（0.0018），表明中国省际房地产市场化指数的总体差异先逐渐缩小，2012年再持续增大。从指数分解结构看，区域内差异贡献率始终高于80%，表明市场化指数的总体差异绝大部分来源于区域内差异。进一步分解后，我们发现，在绝大多数年份东部地区泰尔指数高于西部，而西部地区泰尔指数高于中部，东、中、西部泰尔指数均值分别为0.0054、0.0021、0.0032，对总体差异的贡献率均值分别为49.05%、13.83%、29.26%，这表明东部各省（区、市）房地产市场化水平差异最大，西部次之，中部最小。

从数值变动趋势上看，东部地区波动剧烈，2013年以来主要呈现下降趋势，中部地区略降，西部地区上升明显。

表4-6、4-7是我们计算得到的南北地区房地产市场化泰尔指数计算结果。其中，表4-6为传统地理方法划分的南北泰尔指数，对比可知，总体差异的很大比例依然来自区域内差异，南、北方泰尔指数均值分别为0.0040、0.0038，对总体差异的贡献率均值分别为49.45%、45.89%，说明南方各省房地产市场化水平差异略高于北方地区，但从变动趋势看，北方地区多年来呈扩大态势，而南方地区差异在缩小。相应地，如表4-7以经济地理划分的南北各省泰尔指数均值分别为0.0039、0.0038，对总体差异的贡献率均值分别为55.39%、39.97%，说明南方各省的房地产市场化水平差异略高于北方，但变动趋势依然是北方呈扩大趋势，南方呈缩小趋势，预计不久之后北方地区对总体差异的贡献率将超过南方地区。

表4-6 1999—2020年南北地区（传统地理划分）房地产市场化
指数的泰尔指数及其结构分解

年份	总体差异	区域内差异—传统地理划分			区域间差异
		总体	北方	南方	
1999	0.0050	0.0050 (99.71)	0.0044 (43.00)	0.0057 (56.71)	0.0000 (0.29)
2000	0.0044	0.0044 (99.26)	0.0029 (33.27)	0.0059 (65.99)	0.0000 (0.74)
2001	0.0045	0.0045 (99.61)	0.0035 (39.33)	0.0054 (60.28)	0.0000 (0.39)
2002	0.0080	0.0080 (99.91)	0.0079 (48.68)	0.0082 (51.23)	0.0000 (0.09)

续表

年份	总体差异	区域内差异—传统地理划分			区域间差异
		总体	北方	南方	
2003	0.0063	0.0059 (93.89)	0.0060 (46.20)	0.0059 (47.69)	0.0004 (6.11)
2004	0.0042	0.0042 (99.24)	0.0040 (46.62)	0.0044 (52.63)	0.0000 (0.76)
2005	0.0048	0.0046 (95.77)	0.0050 (50.81)	0.0043 (44.96)	0.0002 (4.23)
2006	0.0047	0.0044 (94.11)	0.0051 (53.32)	0.0037 (40.79)	0.0003 (5.89)
2007	0.0032	0.0030 (94.91)	0.0022 (33.64)	0.0038 (61.27)	0.0002 (5.09)
2008	0.0053	0.0050 (93.75)	0.0047 (42.43)	0.0053 (51.32)	0.0003 (6.25)
2009	0.0023	0.0022 (94.49)	0.0017 (35.70)	0.0026 (58.79)	0.0001 (5.51)
2010	0.0023	0.0023 (98.29)	0.0017 (36.43)	0.0029 (61.86)	0.0000 (1.71)
2011	0.0022	0.0022 (99.19)	0.0026 (57.87)	0.0018 (41.32)	0.0000 (0.81)
2012	0.0018	0.0018 (98.48)	0.0020 (52.65)	0.0017 (45.83)	0.0000 (1.52)
2013	0.0023	0.0022 (94.85)	0.0014 (29.47)	0.0030 (65.38)	0.0001 (5.15)
2014	0.0038	0.0035 (93.18)	0.0031 (40.34)	0.0039 (52.84)	0.0003 (6.82)

年份	总体差异	区域内差异—传统地理划分			区域间差异
		总体	北方	南方	
2015	0.0049	0.0048 (96.72)	0.0035 (34.76)	0.0060 (61.96)	0.0002 (3.28)
2016	0.0036	0.0034 (94.54)	0.0040 (54.11)	0.0029 (40.43)	0.0002 (5.46)
2017	0.0036	0.0029 (81.80)	0.0037 (50.42)	0.0022 (31.38)	0.0006 (18.20)
2018	0.0035	0.0032 (91.46)	0.0042 (58.42)	0.0022 (33.04)	0.0003 (8.54)
2019	0.0040	0.0037 (91.95)	0.0049 (60.30)	0.0025 (31.65)	0.0003 (8.05)
2020	0.0045	0.0042 (92.40)	0.0058 (61.85)	0.0027 (30.55)	0.0003 (7.60)

数据来源：作者计算得到。

表 4-7 1999—2020 年南北地区（经济地理划分）房地产市场化指数的泰尔指数及其结构分解

年份	总体差异	区域内差异—经济地理划分			区域间差异
		总体	北方	南方	
1999	0.0050	0.0050 (99.93)	0.0043 (36.91)	0.0056 (63.02)	0.0000 (0.07)
2000	0.0044	0.0044 (98.60)	0.0029 (28.51)	0.0055 (70.09)	0.0001 (1.40)
2001	0.0045	0.0045 (100.00)	0.0030 (29.33)	0.0056 (70.67)	0.0000 (0.00)

续表

年份	总体差异	区域内差异—经济地理划分			区域间差异
		总体	北方	南方	
2002	0.0080	0.0080 (99.40)	0.0067 (36.77)	0.0090 (62.63)	0.0000 (0.60)
2003	0.0063	0.0062 (98.27)	0.0044 (29.66)	0.0076 (68.61)	0.0001 (1.73)
2004	0.0042	0.0042 (99.88)	0.0038 (39.31)	0.0045 (60.57)	0.0000 (0.12)
2005	0.0048	0.0048 (99.09)	0.0051 (45.03)	0.0046 (54.05)	0.0000 (0.91)
2006	0.0047	0.0047 (98.90)	0.0053 (48.16)	0.0042 (50.74)	0.0001 (1.10)
2007	0.0032	0.0031 (97.49)	0.0022 (30.13)	0.0037 (67.35)	0.0001 (2.51)
2008	0.0053	0.0049 (91.56)	0.0050 (39.36)	0.0048 (52.20)	0.0005 (8.44)
2009	0.0023	0.0021 (92.76)	0.0017 (32.44)	0.0024 (60.32)	0.0002 (7.24)
2010	0.0023	0.0023 (96.61)	0.0019 (34.25)	0.0025 (62.36)	0.0001 (3.39)
2011	0.0022	0.0021 (96.17)	0.0027 (51.56)	0.0017 (44.62)	0.0001 (3.83)
2012	0.0018	0.0018 (100.00)	0.0020 (46.05)	0.0018 (53.95)	0.0000 (0.00)
2013	0.0023	0.0022 (94.13)	0.0016 (28.63)	0.0027 (65.50)	0.0001 (5.87)

续表

年份	总体差异	区域内差异—经济地理划分			区域间差异
		总体	北方	南方	
2014	0.0038	0.0035 (91.84)	0.0035 (38.74)	0.0035 (53.11)	0.0003 (8.16)
2015	0.0049	0.0046 (93.91)	0.0034 (29.09)	0.0055 (64.82)	0.0003 (6.09)
2016	0.0036	0.0033 (90.70)	0.0041 (47.39)	0.0027 (43.31)	0.0003 (9.30)
2017	0.0036	0.0027 (77.20)	0.0039 (45.42)	0.0019 (31.78)	0.0008 (22.80)
2018	0.0035	0.0030 (86.24)	0.0044 (52.76)	0.0020 (33.48)	0.0005 (13.76)
2019	0.0040	0.0034 (86.48)	0.0052 (54.26)	0.0022 (32.22)	0.0005 (13.52)
2020	0.0045	0.0039 (86.75)	0.0060 (55.47)	0.0024 (31.28)	0.0006 (13.25)

数据来源：作者计算得到。

第四节　本章小结

本章主要是在前述理论分析基础上，构建了包含房地产市场与政府的关系、房地产要素市场发育程度、房地产市场非国有经济发展水平、商品房市场发育程度，以及房地产市场中介组织发育和法律制度环境五个子系统共 20 个具体指标的房地产市场化测度指标体系，并借助熵权 TOPSIS 法和纵横向拉开档次法分别对 1999—2020 年全国房地产市场化的总体水平和30个省级行政区的房地产市场化相对水平进行客观评价，得到结论如下：①中国的房地产市场化总体水平多年来显著提升，但增长速率呈下降趋势，表明改革步入深水区，阻力在增大。②中国房地产市场化进程中，各分项指数表现不一：政府与市场关系改进指数2001年后呈逐年下降趋势，表明政府配置资源的能力不断得到加强；房地产要素市场发育指数从2004年后开始上升，并趋于稳定；房地产市场非国有经济发展指数呈现逐年上升态势；商品房市场发育指数在2013年之前较为平稳，此后由于库存原因短暂下滑，2015年后再度上升；房地产市场中介组织发育和法律制度环境改善指数基本呈现上升态势。③省际测度结果表明，长三角、珠三角地区、成渝地区、长江中游城市群所在地区房地产市场化水平较高，京津两地由于近年来管控较严，市场化水平较低。分区域看，1999—2020年，中部地区房地产市场化指数均值年均增速远高于东部地区，东部高于西部，其中西部年均增长率为负值。④区域差异方面，1999—2020年，全国30个省区房地产市场化水平的总体差异呈先缩小后扩大的动态变动趋势，且这一总体差异主要来自区域内差异。区域内差异中，东部对总体差异贡献最大，西部次之，中部最小。南北差异方面，南方各省对总体差异的贡献率略高于北方，但北方地区近年来呈上升趋势，而南方呈下降趋势，预计不久之后北方地区对总体差异的贡献率将超过南方地区。

第五章

房地产市场化改革影响地区经济增长的实证研究

本章和第六章，我们将以第四章计算得到的 1999—2020 年全国 30 个省区的房地产市场化指数作为核心解释变量，从实证层面深入探讨房地产市场化改革与地区经济增长数量和质量之间的内在关系。具体而言，本章主要从实证层面检验房地产市场化改革与地区实际人均 GDP 之间的内在关系，注重"量"的分析。第六章是在本章基础上的进一步探讨和深化，主要考察房地产市场化改革对地区经济高质量发展的影响。第四章、第五章和第六章共同构成本书的实证部分主体内容。本章我们首先考察房地产市场化改革与地区经济增长"规模"之间的内在关系。

第一节　引言

众所周知，房地产市场与宏观经济密切相关。早在 20 世纪 90 年代末期，当时亚洲金融危机爆发，中国经济面临外需不足的巨大压力，为迅速稳定国内市场，中央决定将房地产业作为国民经济新的增长点来培育，以此拉动上下游行业加速发展，同时还能起到扩大内需、拓展国内市场空间的作用。此后短短几年，房地产业一跃成为国民经济的支柱产业，且时至今日，其支柱产业的地位依然显著。然而，在整个演进过程中，社会公众对房地产业的评价和看法却几经变化，质疑之声此起彼伏，主要原因在于房价过快上涨引发了一系列消极后果。例如，社会财富分化、居民负担加重、企业"脱实向虚"、系统性风险集聚、地方政府债务加剧、库存升高、无序竞争等，其实质正是对中国经济基本面的损害，因此，从理论上看，房地产对地区经济的拉动作用和抑制作用应该是同时存在的。那么，1999 年至今，抑制作用和拉动作用究竟如何此消彼长，抑制作用是否已超过拉动作用从而导致总体效应转为负值呢？房地产业本身属于资金密集型产业，金融与房地产天然具有紧密联系，金融在其中又扮演什么样的角色？本章我们就从市场化改革的视角，深入探讨房地产与地区经济增长之间的内在关系。

通过第三章第三节的理论分析，我们可以得到如下研究假说：

H1：房地产市场化改革能够显著拉动地区经济增长。

H2：金融发展存在一个临界值，当超过该临界值时，房地产市场化改革对地区经济的拉动作用将逐渐减弱。

H3：不同地区因金融发展水平不一，其在房地产市场化改革拉动地区经济增长中可能存在区域异质性差异。金融越发达的地区，金融支持房地产过度有可能导致房地产市场化改革对地区经济增长经济的拉动作用转为负值。

接下来，我们将通过一系列实证分析和检验上述研究假说。

第二节 研究设计

一、计量模型设定

为检验假说 1 的合理性，本章设定如下基准计量模型：

$$\text{Agdp}_{it} = \alpha_0 + \alpha_1 \text{RMI}_{it} + \gamma\, M_{it,j} + \mu_i + \text{year}_t + \varepsilon_{it} \tag{5-1}$$

其中，i 表示地区，t 表示年份。Agdp 是被解释变量，表示地区经济增长水平，即人均实际 GDP 增长率。RMI 是核心解释变量，表示某一地区的房地产市场化程度，采用第四章计算得到的房地产市场化指数进行度量。M 是一系列可能影响经济增长的信息集，包含金融发展、产业结构、城镇化水平、交通基础设施、人力资本、财政支持、外商直接投资、对外开放等。μ 为不随时间变化的个体效应，year 为时间效应，ε 为随机扰动项。

为验证假说 2 和假说 3，以进一步明晰房地产市场化水平、金融发展与地区经济增长之间的辩证关系，本章对模型（5-1）进行改进，以金融发展作为门槛变量构建面板门槛模型[①]：

$$\text{Agdp}_{it} = \mu_i + \beta_{h1}\text{RMI}_{it} * I(\text{Find}_{it} \leqslant \gamma_1) + \beta_{h2}\text{RMI}_{it} * I(\gamma_1 < \text{Find}_{it} \leqslant \gamma_2) + \cdots$$

$$\beta_{hn}\text{RMI}_{it} * I(\gamma_{n-1} < \text{Find}_{it} \leqslant \gamma_n) + \beta_{h(n+1)}\text{RMI}_{it} * I(\text{Find}_{it} > \gamma_n) + \delta_h M_{it} + \mu_i +$$

$$\text{year}_t + \varepsilon_{it} \tag{5-2}$$

上述是一个一般意义上的面板门槛模型，根据 γ 取值不同可随意变换为单门槛模型、双门槛模型、多门槛模型等。其中，Agdp 为地区经

[①] WANG Q. Fixed-Effect Panel Threshold Model Using Stata [J]. Stata Journal, 2015, 15 (1)：121-134.

济增长，RMI 为核心解释变量房地产市场化水平，Find 为门槛变量，即金融发展，M 为一组影响地区经济增长水平的控制变量集，μ 为不随时间变化的个体效应，year 为时间效应，ε 为随机扰动项，这与模型（5-1）含义大致相同。γ_1、γ_2……γ_n 表示某个门槛变量下 n 个不同水平的门槛值；β_{h1}、β_{h2}……$\beta_{h(n+1)}$ 表示不同门槛区间下的估计系数值；I（·）为示性函数，若门槛变量满足条件时，则示性函数值取 1，否则取 0。

二、变量选取与数据说明

（一）被解释变量：地区经济增长（Agdp）。经济增长是区域经济学和发展经济学领域的重要概念，人均 GDP 是衡量一国繁荣与社会福利状况的重要指标。[①] 我们采用大多数学者的做法，以人均实际 GDP 增长率来衡量地区经济增长水平，计算基期为 1998 年。此外，我们还借鉴尹宗成、李向军[②]，郭丽燕、黄建忠等[③]学者的做法，采用人均实际 GDP（取对数）作为地区经济增长的替代变量。

（二）核心解释变量：房地产市场化指数（RMI）。我们采用第四章计算得到的 30 个省区 1999—2020 年的房地产市场化指数。为使文章的结论更加严谨，我们还借鉴张佩瑶、崔建军[④]的思路，采用"房地产市场与政府关系"分项指数作为房地产市场化改革的替代指标进行稳健性检验。

① 刘晗，王燕，杨文举. FDI 能否推动长江经济带经济增长——基于多维门槛效应的实证检验 [J]. 经济理论与经济管理，2020（4）：100-112.
② 尹宗成，李向军. 金融发展与区域经济增长——基于企业家精神的视角 [J]. 中央财经大学学报，2012（11）：38-44.
③ 郭丽燕，黄建忠，庄惠明. 人力资本流动、高新技术产业集聚与经济增长 [J]. 南开经济研究，2020（6）：163-180.
④ 张佩瑶，崔建军. 市场化改革有助于经济去杠杆吗？——来自中国省级层面的经验证据 [J]. 经济问题探索，2021（10）：1-12.

（三）控制变量：我们借鉴郭鹏飞、胡歆韵①，杨文溥②，汪伟、刘玉飞等学者③的做法，最终选取金融发展、产业结构、城镇化水平、交通基础设施、人力资本、财政支持、外商直接投资、对外开放等指标作为影响地区经济增长的控制变量。具体而言，金融发展（Find）根据各省（区、市）年末金融机构贷款总额/总人口得到；产业结构（Ind）采用第三产业增加值与地区生产总值的比值表示；城镇化水平（Urb）采用城镇人口占总常住人口比重表示；交通基础设施（Icon）采用单位国土面积等级公路里程数、单位国土面积铁路营业里程数和单位国土面积内河航道里程数之和表示；人力资本（Edu）采用平均受教育年限④表示，作对数处理；财政支持（Fins）采用各省（区、市）一般预算内财政支出与地区生产总值的比值表示；外商直接投资（Fdi）根据各省（区、市）实际利用外商投资额与地区生产总值的比值得到；对外开放（Open）采用各省进出口贸易总额（以当年平均汇率进行换算调整）与地区生产总值的比值表示（见表5-1）。

表5-1 本章节主要变量定义

说明	变量	符号	计算方法
被解释变量	地区经济增长	Agdp	人均实际GDP增长率
		Agdp01	人均实际GDP，取对数

① 郭鹏飞，胡歆韵. 基础设施投入、市场一体化与区域经济增长 [J]. 武汉大学学报（哲学社会科学版），2021，74（6）：141-157.

② 杨文溥. 数字经济与区域经济增长：后发优势还是后发劣势？[J]. 上海财经大学学报，2021，23（3）：19-31，94.

③ 汪伟，刘玉飞，史青. 人口老龄化、城市化与中国经济增长 [J]. 学术月刊，2022，54（1）：68-82.

④ 按照多数学者的做法，大专及以上按16年计算，高中按12年计算，初中按9年计算，小学按6年计算，文盲按0年计算。

续表

说明	变量	符号	计算方法
核心解释变量	房地产市场化指数	RMI	纵横向拉开档次法合成指数
		RMI01	房地产市场与政府关系分项指数
控制变量	金融发展	Find	年末金融机构贷款总额/总人口
	产业结构	Ind	第三产业增加值/地区生产总值
	城镇化水平	Urb	城镇常住人口/常住总人口
	交通基础设施	Icon	（等级公路里程+铁路营业里程+内河航道里程）/行政区域面积
	人力资本	Edu	平均受教育年限，取对数
	财政支持	Fins	一般预算内财政支出/地区生产总值
	外商直接投资	Fdi	实际利用外商投资额/地区生产总值
	对外开放	Open	进出口贸易总额/地区生产总值

资料来源：作者自制。

三、数据来源及说明

表5-2　各主要变量的描述性统计结果

变量名	观察值	均值	标准差	最小值	中位数	最大值
Agdp	660	0.098	0.134	-0.023	0.092	3.420
Agdp01	660	9.901	0.785	7.831	9.963	11.720
RMI	660	0.585	0.055	0.423	0.588	0.749
RMI01	660	0.197	0.038	0.065	0.207	0.464
Find	660	4.916	5.659	0.273	2.994	38.510
Ind	660	0.437	0.090	0.283	0.415	0.839
Urb	660	0.514	0.155	0.208	0.503	0.938

变量名	观察值	均值	标准差	最小值	中位数	最大值
Icon	660	0.706	0.530	0.020	0.553	2.513
Edu	660	2.143	0.128	1.761	2.146	2.540
Fins	660	0.203	0.097	0.063	0.184	0.643
Fdi	660	0.025	0.022	0.000	0.018	0.146
Open	660	0.296	0.363	0.008	0.129	1.721

本章核心解释变量房地产市场化指数的细分指标主要来自《中国房地产统计年鉴》《中国金融年鉴》《中国国土资源统计年鉴》《第三产业统计年鉴》《中国统计年鉴》等，缺省值采用插值法和拟合法补齐。被解释变量和其他控制变量主要来自《中国统计年鉴》《中国金融年鉴》《中国财政统计年鉴》《中国人口和就业统计年鉴》《中国高新技术统计年鉴》《中国环境统计年鉴》中经网统计数据库、Wind 数据库以及各省历年统计年鉴，个别缺省值采用插值法、移动平均法补齐。最终，本章选取的数据结构为 1999—2020 年中国 30 个省区的面板数据。各主要变量的描述性统计结果如表 5-2 所示。

第三节　实证结果分析

表 5-3 报告了房地产市场化改革对地区经济增长影响效应的基准回归结果。我们同时控制了地区效应和年份效应，为便于比较分析，我们采取逐步回归的方法以检验研究结论的稳健性。结果显示，第（1）～（6）列核心解释变量房地产市场化指数（RMI）的系数显著为正，且数值相差不大，与理论预期相吻合，假说 1 得到初步验证。基准

回归结果表明，在综合考虑金融发展、产业结构、城镇化水平、交通基础设施、人力资本、财政支持、外商直接投资、对外开放等有可能对地区经济起影响作用的控制变量后，房地产市场化水平上升对地区经济增长的影响依然显著为正，即房地产市场化水平提高1%，当地经济增长速率将提高约0.12%。房地产行业持续的市场化改革有利于优化要素资源配置，壮大市场规模，提振消费信心，间接带动钢铁、水泥、建筑、冶金、化工、装修、交通、工商、旅游等上下游行业发展壮大。另外，信贷制度、土地出让制度以及商品房预售制度等一系列市场化制度安排使得地方政府得以凭借土地、税收等有限资源撬动更大范围内融资收入，为当地新型城镇化、新型工业化建设注入强大活力，地区经济得以迅速发展壮大。

表 5-3　基准回归结果

	Agdp					
	（1）	（2）	（3）	（4）	（5）	（6）
RMI	0.1368 **	0.1003 *	0.1483 ***	0.1376 **	0.1057 ***	0.1171 **
	（2.37）	（1.89）	（3.60）	（2.28）	（5.42）	（2.35）
Find		0.0026	0.0059 **	0.0058 **	0.0070 **	0.0064 **
		（1.05）	（2.37）	（2.28）	（2.56）	（2.15）
Ind			0.1610 *	0.2013 **	0.2378 **	0.2286 **
			（1.84）	（2.03）	（2.20）	（2.15）
Urb			0.5946 ***	0.6288 ***	0.6625 ***	0.6674 ***
			（4.57）	（4.73）	（4.95）	（4.97）

	Agdp					
	（1）	（2）	（3）	（4）	（5）	（6）
Icon				0.0004	0.0336	0.0404
				（0.01）	（0.90）	（1.03）
Edu				0.5347**	0.5775***	0.5757***
				（2.42）	（2.61）	（2.60）
Fins					0.4135**	0.4358**
					（2.26）	（2.32）
Fdi					0.0043	0.0258**
					（0.01）	（2.06）
Open						0.0299***
						（5.53）
_ cons	0.0743**	0.1272*	0.4673***	0.7589*	0.6814***	0.6757***
	（1.97）	（1.69）	（2.83）	（1.92）	（3.27）	（4.26）
年份效应	Y	Y	Y	Y	Y	Y
地区效应	Y	Y	Y	Y	Y	Y
N	660	660	660	660	660	660
R^2	0.467	0.469	0.404	0.412	0.420	0.420

注：解释变量为房地产市场化指数，被解释变量为地区经济增长水平。表中第（1）～（6）列为同时控制地区和年份固定效应回归结果。系数下括号为标准误。＊表示在10％显著性水平下显著，＊＊表示在5％显著性水平下显著，＊＊＊表示在1％显著性水平下显著（下同）。

第四节 区域异质性检验

分区域来看，东、中、西部省区房地产市场化改革对地区经济增长的边际影响依次呈递减趋势，核心解释变量房地产市场化指数（RMI）的估计系数分别为 0.1440、0.0853、0.0635，且均通过统计水平检验，表现出显著的区域异质性差异（如表 5-4 所示）。从南北方省区估计结果看，房地产市场化改革对南方各省区经济增长的边际拉动作用高于北方。可能的原因在于，东部、南部各省区的市场化改革起步早、见效快、体制机制优势更为显著，房地产业得以通过自身发展，迅速带动上下游产业联动发展，从而拉动地区经济增长，相比之下，中西部和北方地区稍显逊色。

表 5-4 区域异质性回归结果

	Agdp				
	东部	中部	西部	北方	南方
	（1）	（2）	（3）	（4）	（5）
RMI	0.1440**	0.0853***	0.0635**	0.0798*	0.1308**
	（2.19）	（3.81）	（1.96）	（1.93）	（2.11）
Find	0.0472***	0.0136***	0.0093***	0.0025***	0.0669**
	（4.53）	（4.00）	（3.36）	（2.90）	（2.41）
Ind	0.1296***	0.0751**	0.5692**	0.2700***	0.8014***
	（2.75）	（2.35）	（1.97）	（7.11）	（2.98）

续表

	Agdp				
	东部	中部	西部	北方	南方
	（1）	（2）	（3）	（4）	（5）
Urb	0.0531 **	0.0425	1.0963 ***	0.1367 ***	1.0030 ***
	（2.08）	（0.50）	（2.94）	（4.12）	（5.21）
Icon	0.0304 **	0.0199	0.1660	0.0377 **	0.0193
	（2.06）	（1.33）	（1.25）	（2.25）	（0.36）
Edu	0.0620	0.0624 ***	0.7126 **	0.0815 *	1.4139 ***
	（1.24）	（2.87）	（2.27）	（1.66）	（5.26）
Fins	0.1854 ***	0.0263	0.1122 **	0.0066	0.2135
	（3.89）	（0.36）	（1.97）	（0.17）	（0.64）
Fdi	0.2144 ***	0.0216 **	0.3459 ***	0.0740	1.0009 **
	（3.33）	（2.10）	（3.33）	（0.56）	（2.36）
Open	0.0407 ***	0.0241	0.3143	0.0299 *	0.0401 ***
	（4.97）	（0.37）	（0.81）	（1.73）	（3.49）
_cons	0.2538 **	0.0093 **	0.7408	0.1474	2.7314 ***
	（2.10）	（2.05）	（0.56）	（1.49）	（5.17）
年份效应	Y	Y	Y	Y	Y
省份效应	Y	Y	Y	Y	Y
N	242	176	242	286	374
R^2	0.513	0.392	0.563	0.502	0.440

注：本表第（4）、（5）两列关于南北方区域异质性估计结果是基于经济地理视角的划分，具体划分依据来源盛来运、郑鑫等（2018）学者的研究成果。

第五节　内生性处理

表 5-5　稳健性检验结果

	Agdp			
	（1）IV	（2）GMM	（3）变换样本	（4）不考虑 2020 年
RMI	0.0907***	0.1209***	0.1466**	0.1774***
	（3.52）	（4.81）	（2.48）	（5.26）
控制变量	控制	控制	控制	控制
L. Agdp		0.2512***		
		（4.18）		
L2. Agdp		0.0737***		
		（7.04）		
年份效应	Y	Y	Y	Y
省份效应	Y	Y	Y	Y
不可识别检验 P 值	0.0000			
弱工具检验 F 值	160.421			
过度识别检验 P 值	0.4990			
Sargan 检验		1.000		
AR（1）检验		0.000		
AR（2）检验		0.885		

	Agdp			
	（1）IV	（2）GMM	（3）变换样本	（4）不考虑 2020年
N	600	600	572	630
R^2	0.674		0.544	0.306

如前所述，基准回归、区域异质性回归结果与本章研究假说 1 相吻合，但这一结果可能存在内生性偏误：某一地区经济增长越快，越释放出对房地产行业发展巨大的投资消费需求，包括居住、娱乐、办公、生活、休闲、商业等各方面，单靠政府力量无法满足上述目标，因此需要引入民间社会资本，积极培养本土企业，同时政府在建设、审批、用地、融资、销售、装潢、租赁、物业、转让等方面放宽既有的条条框框限制，客观上又加速了当地的房地产市场化改革进度，市场活力进一步增强。基于以上种种考虑，本章采用工具变量法来解决可能存在的内生性问题。本章选取核心解释变量房地产市场化指数（RMI）的滞后两期，作为工具变量进行 2SLS 估计，回归结果如表 5-5 第（1）列所示。弱工具变量检验 F 值为 160.421（大于 10），拒绝弱工具变量原假设；不可识别检验 P 值为 0，拒绝"所有解释变量均外生"的原假设；过度识别检验 P 值为 0.4990（大于 0.1），表示接受原假设，说明选择的工具变量均有效，可得到一致的估计结果。核心解释变量 RMI 系数为 0.0907，在 1% 的统计水平下显著，这与表 5-3 固定效应估计结果相吻合，研究假说 1 得到进一步验证。考虑到地区经济增长可能受到往期值的影响，本书将被解释变量的滞后两期纳入模型（5-1）进行分析，采用系统 GMM 估计方法进行检验，结果如表 5-5 第（2）列所示。Sargan 过度识别检验为 1，不能拒绝原假设；AR（1）拒绝原假设，AR（2）

大于10%的显著性水平均说明模型扰动项的差分存在一阶自相关，但不存在二阶自相关，模型设定合理。我们看到核心解释变量房地产市场化指数 RMI 的系数仍然显著为正，再次验证假说1。

第六节 稳健性检验

考虑到直辖市在经济、政治、文化、社会治理等方面的特殊性，我们将原有样本中四个直辖市数据删掉，重新进行回归，结果如表 5-5 第（3）列所示，结果仍然显著为正。2019 年末新冠疫情突然来袭，直接影响到 2020 年诸多经济变量的正常表现，我们将 2020 年数据剔除后重新进行回归，结果如表 5-5 第（4）列所示，结果仍然显著。2017 年党的十九大提出"房住不炒"目标定位，但此后各地主要采取以"限"为主的调控手段，回归结果表明，核心解释变量 RMI 系数虽然显著，但与前期相比数值明显下降，如表 5-6 所示，这表明限制类的调控措施会抑制房地产市场活力，减弱其对地区经济的拉动作用。此外，替换核心变量指标的估计结果如表 5-7 所示，结果与前述结果保持基本一致，假说1得到了进一步验证。

表 5-6 区分不同时期检验结果

	Agdp			
	1999—2003	2004—2011	2012—2016	2017—2020
	（1）	（2）	（3）	（4）
RMI	0.2884 ***	0.2014 ***	0.1086 **	0.0106 **
	（3.06）	（5.04）	（2.30）	（2.15）

续表

	Agdp			
	1999—2003	2004—2011	2012—2016	2017—2020
	（1）	（2）	（3）	（4）
控制变量	控制	控制	控制	控制
年份效应	Y	Y	Y	Y
省份效应	Y	Y	Y	Y
N	150	240	150	120
R^2	0.337	0.344	0.473	0.532

表5-7 替换核心被解释变量、解释变量检验结果

	Agdp	
	人均实际GDP	"房地产市场与政府关系"分项指数
	（1）	（2）
RMI	0.1742***	0.0679***
	（3.06）	（3.23）
控制变量	控制	控制
年份效应	Y	Y
省份效应	Y	Y
N	660	660
R^2	0.771	0.594

　　注：上表中第（1）列分别用"人均实际GDP"作为被解释变量Agdp的替代变量进行稳健性检验；第（2）列采用"房地产市场与政府关系"分项指数作为核心解释变量RMI的替代变量进行稳健性检验。

表5-8　城市面板数据主要变量定义

说明	变量	符号	计算方法
被解释变量	城市经济增长	Agdp	人均实际GDP，取对数
核心解释变量	房地产市场化指数	RMI	"房地产市场与政府关系"分项指数
控制变量	金融发展	Find	年末金融机构贷款总额/总人口
	产业结构	Ind	第三产业增加值/地区生产总值
	城镇化水平	Urb	市辖区人口/全市人口
	交通基础设施	Icon	人均道路建设面积
	人力资本	Edu	每万人中在校大学生数量
	财政支持	Fins	一般预算内财政支出/地区生产总值
	外商直接投资	Fdi	实际利用外商投资额/地区生产总值
	人均资本存量	Acap	城市资本存量/总人口
	人口密度	Pod	单位面积人口数

资料来源：作者自制。

　　我们还搜集了35个大中城市2005—2019年的面板数据进行稳健性检验[1]。其中，核心解释变量房地产市场化指数（RMI）的计算与前述有所不同，由于地级市层面与省级层面相比，很多关键指标缺失，很难像第四章一样基于20个细分指标计算得到综合指数，因此，我们仍然借鉴张佩瑶、崔建军[2]的思路，根据表4-1的测度框架构建"房地产市场与政府关系"分项指数作为房地产市场化改革的替代变量。被解释变量（Agdp）为城市人均实际GDP（以2004年为基期）。控制变量方

---

[1]　2021年《中国城市统计年鉴》数据尚未公开。

[2]　张佩瑶，崔建军．市场化改革有助于经济去杠杆吗？——来自中国省级层面的经验证据［J］．经济问题探索，2021（10）：1-12.

面：我们借鉴郭进、兰叶凡[1]，王贤彬、刘淑琳等[2]学者的做法，最终选择金融发展（Find）、产业结构（Ind）、城镇化水平（Urb）、交通基础设施（Icon）、人力资本（Edu）、财政支持（Fins）、外商直接投资（Fdi）、人均资本存量（Acap）、人口密度（Pod）等作为影响城市经济增长的控制变量（主要变量定义及详细计算方法见表5-8）。表5-9为35个大中城市面板固定效应估计结果，结果表明核心解释变量RMI系数显著为正[3]。至此假说1得到了充分验证。

表5-9 35个大中城市面板固定效应估计结果

	Agdp			
	（1）	（2）	（3）	（4）变换样本
RMI	0.2230***	0.1121**	0.1213***	0.1710***
	（11.38）	（2.14）	（3.22）	（3.59）
Find		0.4270***	0.3435***	0.2721***
		（5.04）	（6.12）	（13.55）
Ind			0.1027	0.1570**
			（0.70）	（2.05）
Urb			0.1865	0.0608
			（1.52）	（1.15）

① 郭进，兰叶凡. 国内市场潜力推动城市经济增长的效应演化和机制分析［J］. 经济评论，2021（6）：118-135.

② 王贤彬，刘淑琳，黄亮雄. 金融杠杆如何影响城市经济增长——新的计量证据与机制识别［J］. 财贸经济，2021，42（11）：36-51.

③ 这里，我们在城市面板数据的变量个数、指标取值、计算方法等方面尽量与前述省级面板数据保持一致，但仍然不可避免地存在一定差异，尽管如此，回归结果仍然可视为基准回归结果的有益补充。

续表

	Agdp			
	（1）	（2）	（3）	（4）变换样本
Icon			0.0008	0.0015
			(0.36)	(1.32)
Edu			0.0605**	0.0390***
			(2.19)	(3.00)
Fins			0.0578	0.0681**
			(1.57)	(2.21)
Fdi			0.0040	0.0088**
			(0.54)	(2.33)
Acap			0.0410***	0.0364***
			(5.78)	(5.87)
Pod			−0.0624	−0.3635***
			(−1.01)	(−6.55)
_cons	8.6448***	6.0223***	6.7718***	9.8956***
	(44.06)	(5.66)	(7.13)	(21.43)
年份效应	Y	Y	Y	Y
省份效应	Y	Y	Y	Y
N	525	525	525	465
R^2	0.567	0.574	0.583	0.685

注：本表中第（4）列的变换样本表示剔除四个直辖市数据的回归结果。

第七节　门槛效应

通过上述一系列分析，我们得到了一个基本结论：某一地区房地产市场化改革越深入，市场化水平越高，其土地、资本、劳动力、技术等要素资源优化配置的能力越强，就越有利于当地经济增长，这一结论在经过若干稳健性检验分析后依然成立。然而，本书理论部分也提出，二者之间并非简单的线性关系，即房地产市场化改革究竟能够在多大程度上拉动地区经济增长，最主要还取决于该地区金融发展是否处于合理的区间值内，超过临界值，其拉动作用将会减弱，甚至有可能转为负值。这一理论观点正确与否还需要进一步的实证检验，为此，本章利用前文构建的面板门槛模型进行进一步深入分析，以验证假说 H2、假说 H3 的科学性与合理性。

（一）平稳性检验

首先，为保证回归数据的准确性，我们对模型（5-2）中各主要变量进行面板单位根检验，检验方法为 IPS 检验，该方法适用于异质面板的平稳性检验。结果表明，各变量均可在 5% 显著性水平下拒绝原假设，所有变量均为平稳序列，详见表 5-10。

表 5-10　变量平稳性检验结果

变量	Agdp	RMI	Find	Ind	Urb	Icon	Edu	Fins	Fdi	Open
t 值	-25.47	-3.70	-2.10	-2.67	-6.36	-12.03	-4.49	-13.22	-1.89	-11.86
P 值	0.0000	0.0001	0.0178	0.0038	0.0000	0.0000	0.0000	0.0000	0.0289	0.0000

（二）面板门槛估计结果分析

其次，我们通过自举法（Bootstrap）来估计门槛变量的个数及其对应的显著性水平。我们运用软件 Stata15.0 自举 500 次得到以金融发展（Find）为门槛变量的自抽样检验结果，如表5-11所示。结果表明，全国样本下，房地产市场化改革对地区经济增长的影响在金融发展为门槛变量下存在单门槛效应，且通过了5%显著性水平的统计检验，对应的F值为75.15，P值为0.0120。为进一步验证面板门槛效应的区域异质性差异，我们以金融发展水平高低为分类依据对全国样本进行分组检验，具体做法是借鉴中国资本市场研究院最新公布的《2021中国内地省市金融竞争力排行榜》中的排名①，分别针对金融竞争力排名前十、中间十名，以及后十名的省区市样本进行面板门槛效应检验②，结果表明，金融前十样本下门槛变量通过双门槛效应，其他地区则通过单门槛效应，对应的F值分别为33.25、30.40；83.38；22.02，P值0.0080、0.0020；0.0240；0.0540。

---

① 这一榜单由证券时报社中国资本市场研究院与新财富共同编制。按金融竞争力从高到低依次为北京、广东、上海、江苏、浙江、山东、福建、四川、河北、河南、天津、湖北、安徽、湖南、江西、辽宁、重庆、陕西、云南、甘肃、广西、山西、贵州、新疆、吉林、海南、黑龙江、内蒙古、宁夏、青海（暂未统计西藏、港、澳、台）。

② 之所以未采用传统的以东中西部地区作为划分金融发展强弱的依据，主要是考虑到东部地区也有金融发展相对滞后的省市，如海南等，中西部地区如四川、重庆等省市金融发展实力更为突出。因此，我们采用中国资本市场研究院等机构公布的《2021中国内地省市金融竞争力排行榜》进行区域划分。

表 5-11 面板门槛效应自抽样检验结果

地区	门槛变量	模型	F 值	P 值	1%临界值	5%临界值	10%临界值
全国样本	Find	单一门槛	75.15	0.0120	75.4295	45.6125	34.0781
		双重门槛	42.83	0.1420	130.0228	75.8271	54.4092
		三重门槛	4.14	0.7700	115.4050	63.0043	34.7057
金融发达省区	Find	单一门槛	33.25	0.0080	29.5258	22.8288	19.3603
		双重门槛	30.40	0.0020	27.1484	19.7238	17.0950
		三重门槛	13.10	0.7780	47.4781	37.9335	34.0957
金融适中省区	Find	单一门槛	83.38	0.0240	133.0998	67.8809	47.7592
		双重门槛	38.98	0.2240	193.6473	110.4737	80.3574
		三重门槛	2.85	0.9360	254.2235	123.8769	75.7494
金融滞后省区	Find	单一门槛	22.02	0.0540	32.2600	23.2534	18.1240
		双重门槛	0.18	1.0000	29.8226	22.5111	17.9001
		三重门槛	2.95	0.9520	32.6154	17.2983	13.7620

注：上述估计结果自举次数均为 500 次。

表 5-12 分别列出不同样本条件门槛变量的估计值及其相应的置信区间，表 5-13 为面板门槛效应估计结果。我们得到，全国样本下单门槛值为 7.3687，金融发达省区双门槛值分别为 3.4843、19.0982，金融适中省区、金融滞后省区单门槛值分别为 5.4227、5.6217。

表 5-12　面板门槛效应门槛估计值

地区	门槛变量	模型	门槛估计值	95%置信区间	
全国样本	Find	单一门槛	7.3687	7.3684	7.4764
金融发达省区	Find	单一门槛	3.4843	3.3936	3.4925
		双重门槛	19.0982	18.4110	19.4227
金融适中省区	Find	单一门槛	5.4227	5.4193	5.4687
金融滞后省区	Find	单一门槛	5.6217	5.4837	5.6228

表 5-13　面板门槛效应估计结果

变量 （Find 为门槛变量）	Agdp			
	（一） 全国样本	（二） 金融发达省区	（三） 金融适中省区	（四） 金融滞后省区
第一个门槛值	7.3687	3.4843	5.4227	5.6217
第二个门槛值		19.0982		
RMI （第一区间）	0.2249 *** （4.40）	0.3357 *** （6.44）	0.1818 *** （4.00）	0.1322 ** （2.05）
RMI （第二区间）	0.0560 ** （2.29）	0.1028 ** （2.12）	0.0739 ** （2.16）	0.0186 （1.55）
RMI （第三区间）	—	−0.0433 *** （−5.91）	—	—
控制变量	控制	控制	控制	控制
年份效应	Y	Y	Y	Y
地区效应	Y	Y	Y	Y
N	660	220	220	220

变量 （Find 为门槛变量）	Agdp			
	（一） 全国样本	（二） 金融发达省区	（三） 金融适中省区	（四） 金融滞后省区
R^2	0.384	0.566	0.393	0.585

注：当模型估计结果为单一门槛时，上述"第一区间"表示 Find≤γ_1，"第二区间"表示 Find>γ_1，第三区间无意义；当模型估计结果为双门槛时，上述"第一区间"表示 Find≤γ_1，"第二区间"表示 γ_1<Find≤γ_2，"第三区间"表示 Find>γ_2。其中，γ_1、γ_2 表示以金融发展（Find）为门槛变量下各个不同水平的门槛值。

表 5-12、表 5-13 检验结果表明，房地产行业持续的市场化改革对地区经济的拉动作用受到金融发展水平的制约。如表 5-13 第（一）列所示，当金融发展低于最优门槛值①（人均年末金融机构贷款额 7.3687万元）时，房地产市场化改革对地区经济增长具有显著的拉动作用，其边际系数为 0.2249，并通过 1% 显著性水平检验。但当房地产市场化水平超过最优门槛值后，边际系数下降为 0.0560，下降约 75.10%，但此时系数仍然为正。上述结果初步验证了研究假说 H2 的理论观点，金融市场发展存在一个临界值，当超过该临界值时，房地产市场化改革对地区经济增长的正向作用将逐渐减弱。原因在于房地产市场化改革初期，通过建立一系列市场化制度安排，如土地招拍挂制度、商品房预售制度、住房信贷制度、公积金制度等，能够迅速借助金融市场的大力支持，充分发挥自身关联产业众多、与民生息息相关等优势特点，带动上下游产业联动发展，继而拉动地区经济快速增长。但随着新型城镇化的高速推进，房地产投资价值日益凸显，金融资本开始疯狂介入，虚拟经济在自我循环中日渐膨胀，而实体企业却遭遇严重融资困境难以摆脱，

---

① 如表 5-1 所示，本章金融发展采用年末金融机构贷款总额除以总人口计算得到。单位：万元。

这对地区经济持续增长极为不利。之所以总效应仍为正，可能的原因有以下几方面：第一，从全国层面看，房地产市场化改革对上下游产业的拉动作用依然大于其对经济增长的抑制作用；第二，企业多元化布局成为一种常态化策略。当房地产被视为"优质资产"时，实体企业出于预防性储蓄和利润最大化动机考虑①，纷纷调整资产组合，涉足房地产行业，客观上缓解了自身的融资困境；而房地产企业则出于规避风险等目的，大举进军实体领域，如新能源、文旅、电商、农业、大健康、影视等，产业融合发展成为一种趋势；第三，为缓解房地产对实体经济的"抽血效应"，中央及地方政府密集出台了一系列旨在遏制虚拟经济过度膨胀、打击炒房投机的调控政策，取得一定成效。

分样本估计结果如表 5-13 第（2）~（4）列所示，金融发达省区存在双门槛效应，金融发展适中省区、金融滞后省区与全国样本相似，仅存在单门槛效应。对于金融发达省区而言，当金融发展低于第一门槛值②时，房地产市场化改革对地区经济增长发挥正向作用，其边际系数为 0.3357，通过 1% 显著性水平检验。当金融发展处于第一门槛值与第二门槛值之间③时，房地产市场化改革对地区经济增长的边际影响系数下降至 0.1028，通过 5% 显著性水平检验，当金融发展大于第二门槛值时，房地产市场化系数变为负值 -0.0433，通过 1% 显著性水平检验。表明对金融越发达的地区而言，房地产市场化改革对地区经济增长的影响随着金融支持力度的增强而逐渐下降，并最终会变为负值。原因在于金融越发达的地区，人地矛盾越尖锐，高杠杆、高负债模式将家庭、企业、银行和政府等多部门紧紧捆绑在一起，并形成恶性循环，当遭遇限

---

① 彭俞超，黄志刚．经济"脱实向虚"的成因与治理：理解十九大金融体制改革[J]．世界经济，2018，41（9）：3-25.
② 人均年末金融机构贷款额 3.4843 万元。
③ 人均年末金融机构贷款额大于 3.4843 万元且小于 19.0982 万元。

购、限贷政策时候，金融资本更有动机和手段绕过监管程序，继续进入房地产行业谋求暴利，继而严重威胁到地区经济的平稳健康发展。从另外一个角度看，房地产市场化改革初期建立的一系列市场化制度安排，随着新型城镇化的快速推进而变得日渐僵化，难以对市场上愈演愈烈的投机炒房和加杠杆行为①进行有效防范和遏制，反而成为金融资本"弃实投虚"进入房地产行业的加速器和"护身符"，② 这是最为关键的问题。

其他相对于金融适中、金融滞后省区而言，其估计结果大体相似，但仍存在细微差别。对金融适中省区而言，当金融发展小于最优门槛值③时，房地产市场化系数为 0.1818，通过 1% 显著性水平检验，当金融发展大于最优门槛值时，边际系数下降为 0.0739。对金融滞后省区而言，当金融发展低于人均年末金融机构贷款额 5.6217 万元时，房地产市场化系数为 0.1322，当金融发展高于最优门槛值时，边际系数下降为 0.0186，虽未通过显著性水平检验，但其 t 值为 1.55，十分接近10% 显著性水平对应的 t 值（1.65），研究假说 H3 得到验证。同时区域异质性检验也可视为对研究假说 H2 的稳健性检验。

值得注意的是，本书这一研究结论并非反对金融市场的发展，而是主张房地产行业的市场化改革成效要与不断发展的金融市场实力相匹配，越是金融发达的地区，其房地产市场越要求具备更为高效精准的"支持住，抑制炒"的自我调节能力，否则金融资本过度涌入房地产，必然会加剧市场风险，进而削弱房地产对地区经济的拉动作用。那么，如何有效提高房地产市场"支持住，抑制炒"的调节能力，一种途径

---

① 孟宪春，张屹山，李天宇. 有效调控房地产市场的最优宏观审慎政策与经济"脱虚向实"[J]. 中国工业经济，2018（6）：81-97.

② 魏玮，陈杰. 加杠杆是否一定会成为房价上涨的助推器？——来自省际面板门槛模型的证据 [J]. 金融研究，2017（12）：48-63.

③ 人均年末金融机构贷款额 5.4227 万元。

是加强政府宏观调控和市场监管，此举在短期内能够取得实效，但从长期看，由于政府过度插手和干预市场行为，极易导致市场运行的低效率和扭曲现象，反而阻碍了房地产市场的长远发展。另一种是不失时机地对已实施多年的房地产市场化制度体系进行深入而全面的改革，通过巧妙高效的机制设计，稳步提高房地产市场自身"支持住，抑制炒"的调节能力，并辅之以差异化的政府调控手段，这样更符合房地产市场平稳健康发展的根本目标，更是推动金融、房地产与实体经济均衡发展的应有之义。

第八节　本章小结

本章借助第四章计算得到的房地产市场化指数，运用1999—2020年中国30个省区的面板数据，实证检验了房地产市场化改革、金融发展与地区经济增长三者之间的关系。实证结果表明：（1）房地产行业的市场化改革能够显著拉动地区经济增长。一个地区房地产市场化改革成效越显著，水平越高，那么该地区经济增长越快。分区域检验结果表明，房地产市场化改革对地区经济增长的拉动作用，在东部地区最为明显，中部次之，西部最弱；按照经济地理视角划分的南北地区检验结果表明，房地产市场化改革对地区经济增长的拉动作用，在南方比北方更为突出。（2）金融在房地产市场化改革驱动地区经济增长过程中存在显著的门槛效应。全国样本下，金融发展存在单门槛效应，具体表现为，当金融发展低于最优门槛值时，房地产市场化改革对地区经济增长产生促进作用，当金融发展高于门槛值时，这一促进作用受到一定削弱，但边际系数仍然为正。单门槛效应在金融发展适中、金融滞后省区同样存在，但在金融发达省区存在双门槛效应，这表明对金融越发达地区而言，房地产市场化改革对地区经济增长的影响随着金融支持力度的增强而逐渐下降，且速率更快，并最终会变为负值。变换多种模型设定和变量度量方法均未改变上述结论。

第六章

房地产市场化改革影响地区经济高质量
发展的实证研究

通过第五章的实证分析，我们可以得出一个基本结论，房地产市场化改革与地区经济增长的数量和规模关系密切，金融在其中发挥关键的正负向作用。与此同时，我们知道，经济增长过程中的数量和质量是一枚硬币的两面，二者紧密相连同时又侧重不同，我们一般将质量提升视为数量扩张的进一步深化和提高。① 那么，房地产市场化改革能否促进地区经济高质量发展呢？其中的传导机制又有哪些？带着这些问题本章从"效率"的视角继续从实证角度探讨房地产市场化改革与地区经济发展之间的内在关联。

第一节 引言

党的十九大以来，中国经济开始由高速增长转为高质量发展阶段，② 创新驱动、质量变革、效率变革、动力变革成为社会普遍共识。

---

① 金碚. 关于"高质量发展"的经济学研究［J］. 中国工业经济，2018（4）：5-18；魏敏，李书昊. 新时代中国经济高质量发展水平的测度研究［J］. 数量经济技术经济研究，2018，35（11）：3-20.

② 李光龙，范贤贤. 财政支出、科技创新与经济高质量发展——基于长江经济带108个城市的实证检验［J］. 上海经济研究，2019（10）：46-60.

目前，学术界关于经济高质量发展内涵的认识基本一致，但测度方法仍然存在很大差异。一部分学者围绕构建多维指标体系，[①] 选取权重计算方法，得到高质量发展综合指数，具有一定开创意义，但缺点在于指标体系的选择标准存在主观性，易引起争论，且权重方法不同，计算结果也会出现差异。另一部分学者认为，高质量发展的关键是实现全要素生产率的稳步提升。[②] 创新、协调、绿色、开放、共享理念均与全要素生产率紧密相关，从这个意义上说，后者是前者的根本出发点和最终落脚点。因此，采用全要素生产率作为经济高质量发展的代理变量不失为一个可行性选择，[③] 本书采用后一种测度思路[④]。

公开数据表明，2008 年至今，中国全要素生产率年均增速出现明显放缓态势，[⑤] 以致引发学术界对中国经济是否将陷入"中等收入陷阱"的持续担忧和讨论，学者们也纷纷从各自角度提出理论解释。一般而言，全要素生产率提高有两种途径，其一是优化资源配置效率，其

---

① 李梦欣，任保平. 新时代中国高质量发展的综合评价及其路径选择［J］. 财经科学，2019（5）：26-40；李勇刚. 土地资源错配阻碍了经济高质量发展吗？——基于中国 35 个大中城市的实证研究［J］. 南京社会科学，2019（10）：35-42；胡宗义，杨振寰，吴晶."一带一路"沿线城市高质量发展变量选择及时空协同［J］. 统计与信息论坛，2020，35（5）：35-43.

② 刘志彪，凌永辉. 结构转换、全要素生产率与高质量发展［J］. 管理世界，2020，36（7）：15-29；张月友，董启昌，倪敏. 服务业发展与"结构性减速"辨析——兼论建设高质量发展的现代化经济体系［J］. 经济学动态，2018（2）：23-35.

③ 王振华，李萌萌，江金启. 交通可达性对城市经济高质量发展的异质性影响［J］. 经济与管理研究，2020，41（2）：98-111；范合君，吴婷. 数字化能否促进经济增长与高质量发展——来自中国省级面板数据的经验证据［J］. 管理学刊，2021，34（3）：36-53.

④ 本书核心解释变量房地产市场化指数 RMI 为多指标计算得到，考虑到省级数据的有限性、统计分析的合理性等因素，最终选择全要素生产率作为高质量发展的代理变量。

⑤ 刘世锦，刘培林，何建武. 我国未来生产率提升潜力与经济增长前景［J］. 管理世界，2015（3）：1-5；张少辉，余泳泽. 土地出让、资源错配与全要素生产率［J］. 财经研究，2019，45（2）：73-85.

二是依靠技术进步实现生产效率的提升。① 本书认为，房地产市场资源配置效率的高低也是影响地区全要素生产率的重要因素，原因在于房地产业天然地具有关联产业众多、② 资金需求庞大、与民生息息相关等特点，如果房地产市场运行不舒畅，就很难对其他市场③生产效率的提高起到积极的促进作用。由于当前中国的房地产市场体系尚未趋于成熟，市场机制自发纠正资源配置扭曲的作用有限，因此，政府采取"强制市场化"或"人为市场化"的方式，不断提升价格、供求、竞争机制的调节作用，并规范政府职能范围，持续降低内生性扭曲，市场资源配置效率得到提升④，但与此同时制度性、结构性和政策性扭曲随之产生，改革的边际作用呈现递减趋势。2022 年以来，受新冠疫情持续影响，各地纷纷放开限购、限售等行政限制政策，差异化降低房贷利率，希望刺激房地产市场实现平稳回暖，但此时如果不能适时出台一些必要的制度性举措，那么未来仍有可能陷入房价上涨、炒房投机、虚实失衡的混乱局面，房地产市场良性循环将成为一句空话。因此，取消限购政策的同时全面加强市场化的配套制度建设、改进和优化房地产调控思路，是未来提升地区全要素生产效率、推动地区经济高质量发展的重要方向。

从本书第三章第三节的理论分析中，我们可以得到如下研究假说：

H4：房地产市场化改革能够显著提高地区经济高质量发展水平。

---

① 贺晓宇，沈坤荣. 现代化经济体系、全要素生产率与高质量发展［J］. 上海经济研究，2018（6）：25-34.

② 孟宪春，张屹山，李天宇. 有效调控房地产市场的最优宏观审慎政策与经济"脱虚向实"［J］. 中国工业经济，2018（6）：81-97.

③ 如劳动力市场、资本市场、能源市场、技术市场、商品和服务市场等。

④ 事实上，并非所有的政府干预都会导致市场扭曲，只要政府干预能够遵循市场规律，而非发布限令、加强审批等方式，均会带来市场效率的提升（张晓晶、李成等，2018）。

H5：房地产市场化改革通过人力资本提升机制促进地区经济高质量发展。

H6：房地产市场化改革通过创新投入强化机制促进地区经济高质量发展。

H7：房地产市场化改革通过高新产业集聚机制促进地区经济高质量发展。

接下来，我们将通过一系列实证分析和检验上述研究假说。

第二节　研究设计

一、计量模型设定

为检验假说 H4 的合理性，本章设定如下基准计量模型：

$$\text{Tfp}_{it} = \alpha_0 + \alpha_1 \text{RMI}_{it} + \alpha_3 M_{it,\,j} + \mu_i + \text{year}_t + \varepsilon_{it} \qquad (6\text{-}1)$$

其中，i 表示地区，t 表示年份。Tfp 是被解释变量，表示地区经济高质量发展水平，即地区全要素生产率。RMI 是核心解释变量，表示某一地区的房地产市场化程度，用房地产市场化指数进行度量。M 是一系列可能影响经济高质量的信息集，包含地区经济发展水平、产业结构、环境规制、金融发展、信息化、对外开放等。μ 为不随时间变化的个体效应，year 为时间效应，ε 为随机扰动项。

为验证假说 H5—H7，本章借鉴温忠麟、张雷等[1]，叶宝娟等[2]学者

---

① 温忠麟，张雷，侯杰泰，等. 中介效应检验程序及其应用 [J]. 心理学报，2004（5）：614-620.

② 温忠麟，叶宝娟. 中介效应分析：方法和模型发展 [J]. 心理科学进展，2014，22（5）：731-745.

的做法，构建如下机制检验模型（如图6-1，式6-1、6-2、6-3所示）。

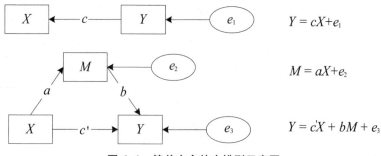

图6-1　简单中介效应模型示意图

$$\text{Tfp}_{it} = \alpha_0 + \alpha_1 \text{RMI}_{it} + \alpha_3 M_{it,j} + \mu_i + \text{year}_t + \varepsilon_{it} \quad (6-1)$$

$$\text{Med}_{it} = \beta_0 + \beta_1 \text{RMI}_{it} + \beta_3 M_{it,j} + \mu_i + \text{year}_t + \varepsilon_{it} \quad (6-2)$$

$$\text{Tfp}_{it} = \gamma_0 + \gamma_1 \text{RMI}_{it} + \gamma_2 \text{Med}_{it} + \gamma_3 M_{it,j} + \mu_i + \text{year}_t + \varepsilon_{it} \quad (6-3)$$

其中，Med 为机制变量。本章通过逐步回归的方法来识别机制变量①，具体流程如下：第一步，确认模型（6-1）中核心解释变量 RMI 系数 α_1 是否显著，如果显著，则检验继续；第二步，确认模型（6-2）中核心解释变量系数 RMI 系数 β_1 是否显著，如果显著，则检验继续，如果不显著，则需视情况分析；第三步，确认模型（6-3）中机制变量系数 γ_2、核心解释变量系数 γ_1 是否显著，并与 β_1 结果相比较：如果 γ_2 和 β_1 中至少有一个不显著，则需进行 Sobel 检验，检验公式如式（6-4）所示，如果通过检验则表明中介效应显著，否则说明中介效应不存在；如果 β_1 显著的情况下，γ_2 显著，而 γ_1 不显著，称为完全中介效应，如果 γ_2 与 γ_1 均显著，称为部分中介效应，且间接效应所占比重为 $\frac{\beta_1\gamma_2}{\alpha_1}$，相应

① 朱喜安，张秀，李浩. 中国高新技术产业集聚与城镇化发展 [J]. 数量经济技术经济研究，2021，38（3）：84-102；马海涛，文雨辰，田影. 以减税助推共享发展：机制分析与实际效果检验 [J]. 税务研究，2022（2）：5-13；江艇. 因果推断经验研究中的中介效应与调节效应 [J]. 中国工业经济，2022（5）：100-120.

地，直接效应所占比重为$\dfrac{\gamma_1}{\alpha_1}$。

$$\text{Sobel} = \frac{\beta_1 \gamma_2}{\sqrt{\beta_1^2 s_{\gamma_2}^2 + \gamma_2^2 s_{\beta_1}^2}} \quad\quad (6\text{-}4)$$

其中，s_{γ_2}表示式（6-3）中系数γ_2的标准误，s_{β_1}表示式（6-2）中系数β_1的标准误。

二、变量选取与数据说明

（一）经济高质量发展（Tfp）。根据前述分析，本章采用全要素生产率作为高质量发展的代理变量。全要素生产率，又称技术进步率，反映的是经济增长中无法用要素投入解释的那部分贡献率。[①] 目前，学术界关于全要素生产率的计算方法主要有索罗余值法、DEA—Malmquist指数法、随机前沿法等，彼此各有优劣，很难取舍。本章借鉴贺晓宇、沈坤荣[②]、马茹、张静等[③]学者的做法，以索罗余值法计算得到全要素生产率（如式6-5、6-6所示）。在后续稳健性检验部分，本章还选择DEA—Malmquist指数法作为高质量发展的代理变量，以丰富和夯实本书的研究结论。

索罗余值法测算全要素生产率计量模型如下：首先设定一般的柯布—道格拉斯生产函数形式：

$$Y_{it} = A_{it} K_{it}^{\alpha} L_{it}^{\beta} \quad\quad (6\text{-}5)$$

---

① 张月友，董启昌，倪敏. 服务业发展与"结构性减速"辨析——兼论建设高质量发展的现代化经济体系［J］. 经济学动态，2018（2）：23-35.

② 贺晓宇，沈坤荣. 现代化经济体系、全要素生产率与高质量发展［J］. 上海经济研究，2018（6）：25-34.

③ 马茹，张静，王宏伟. 科技人才促进中国经济高质量发展了吗？——基于科技人才对全要素生产率增长效应的实证检验［J］. 经济与管理研究，2019，40（05）：3-12.

其中，Y_{it}表示产出，A_{it}表示技术进步或全要素生产效率，K_{it}、L_{it}分别表示资本投入，劳动投入，α、β分别代表资本和劳动的产出弹性。将式（6-5）作对数化处理，可以得到：

$$ln\ Y_{it} = \alpha ln\ K_{it} + \beta ln\ L_{it} + \mu_{it} + year_{it} + \varepsilon_{it} \qquad (6\text{-}6)$$

μ为不随时间变化的个体效应，year 为时间效应，我们采用双向固定效应可估计出资本和劳动的产出弹性，再计算得到残差值，即为全要素生产率。

上述全要素生产率的计算还需要用到投入和产出变量，本章中劳动投入我们选择全社会从业人员数，资本投入选择用永续盘存法估算得到的实际资本存量值，一般认为，利用永续盘存法估算资本存量时，基期选择的越早，其结果偏差越小。① 考虑到数据可得性，我们选择以 1991 年为计算基期，借鉴张军、吴桂英等学者的做法②，我们通过式（6-7）计算得到 1991 年各省资本形成额，这样各省历年固定资本存量可通过式（6-8）计算得到。关于产出指标，与前两章相同，我们采用地区实际 GDP（以 1998 年为不变价计算得到）。

$$K_{1991} = \frac{I_{1991}}{\theta + \delta} \qquad (6\text{-}7)$$

$$K_t = \frac{I_t}{P_t} + (1 - \delta_t) + K_{t-1} \qquad (6\text{-}8)$$

上式中，θ 表示实际新增固定资本年均增长率，δ 为固定资本折旧

---

① 郭家堂，骆品亮. 互联网对中国全要素生产率有促进作用吗？[J]. 管理世界，2016
（10）：34-49；余泳泽，杨晓章，张少辉. 中国经济由高速增长向高质量发展的时空转换特征研究 [J]. 数量经济技术经济研究，2019，36（6）：3-21.
② 张军，吴桂英，张吉鹏. 中国省际物质资本存量估算：1952—2000 [J]. 经济研究，2004（10）：35-44.

率，这里参考张军、吴桂英等①学者做法，设定为 9.6%，P_t 表示各省实际固定资产投资价格指数（同样 1991 年为基期），I_t 表示每年新增固定资本形成额。

（二）核心解释变量：房地产市场化指数（RMI）。本章依然采用第四章计算得到的 30 个省区 1999—2020 年的房地产市场化指数。为使本书的结论更加严谨，我们还借鉴张佩瑶、崔建军学者②的思路，采用"房地产市场与政府关系"分项指数作为房地产市场化改革的替代指标进行稳健性检验。

（三）其他控制变量：本章借鉴郭家堂和骆品亮③、范合君和吴婷④等学者的做法，最终选取地区经济发展水平、产业结构、环境规制、金融发展、信息化、对外开放作为影响全要素生产率的控制变量。其中，地区经济发展水平（Agdp）采用实际人均 GDP 增长率表示；产业结构（Ind）采用第三产业增加值与地区生产总值之比表示；环境规制（Reg）采用工业污染治理投资完成额与工业增加值之比表示；金融发展（Find）采用年末人均金融机构贷款总额表示；信息化（Info）采用各省邮电业务总量表示，取对数；对外开放（Open）采用进出口贸易总额与地区生产总值之比表示。

（四）机制检验变量：人力资本（Edu）、教育科技投入（Tal）、高新技术产业集聚（Hlq）。具体地，人力资本采用平均受教育年限表示，

---

① 张军，吴桂英，张吉鹏. 中国省际物质资本存量估算：1952—2000 [J]. 经济研究，2004（10）：35-44.

② 张佩瑶，崔建军. 市场化改革有助于经济去杠杆吗？——来自中国省级层面的经验证据 [J]. 经济问题探索，2021（10）：1-12.

③ 郭家堂，骆品亮. 互联网对中国全要素生产率有促进作用吗？[J]. 管理世界，2016（10）：34-49.

④ 范合君，吴婷. 数字化能否促进经济增长与高质量发展——来自中国省级面板数据的经验证据 [J]. 管理学刊，2021，34（3）：36-53.

取对数；教育科技投入采用地方财政预算支出中教育与科技支出总和与地区生产总值之比表示[1]；高新技术产业集聚采用以就业人数计算的区位熵表示[2]，计算方法如式（6-9）所示。

$$Hlq_{ijt} = \frac{e_{ijt} / \sum_{j=1}^{n} e_{ijt}}{E_{jt} / \sum_{j=1}^{n} E_{jt}} \qquad (6-9)$$

其中，Hlq_{it} 表示第 i 地区第 j 产业第 t 年份的区位熵，e_{ijt} 表示第 i 地区第 j 产业第 t 年份就业人数，$\sum_{j=1}^{n} e_{ijt}$ 表示第 i 地区第 t 年份所有产业就业人数，E_{jt} 表示全国层面 j 产业第 t 年份就业人数，$\sum_{j=1}^{n} E_{jt}$ 表示全国层面所有产业第 t 年份就业人数。（见表6-1）。

表6-1　本章节主要变量定义

说明	变量	符号	计算方法
被解释变量	经济高质量发展	Tfp	全要素生产率（索罗余值法）
		Tfpch	全要素生产率（DEA—Malmquist 指数）
核心解释变量	房地产市场化指数	RMI	纵横向拉开档次法合成指数
		RMI01	房地产市场与政府关系分项指数

① 郭家堂，骆品亮. 互联网对中国全要素生产率有促进作用吗？[J]. 管理世界，2016（10）：34-49.

② 胡安军，郭爱君，钟方雷，等. 高新技术产业集聚能够提高地区绿色经济效率吗？[J]. 中国人口·资源与环境，2018，28（9）：93-101.

说明	变量	符号	计算方法
控制变量	地区经济发展水平	Agdp	实际人均 GDP 增长率
	产业结构	Ind	第三产业增加值/地区生产总值
	环境规制	Reg	工业污染治理投资完成额/工业增加值
	金融发展	Find	年末金融机构贷款总额/总人口
控制变量	信息化	Info	邮电业务总量，取对数
	对外开放	Open	进出口贸易总额/GDP
机制检验变量	人力资本	Edu	平均受教育年限，取对数
	教育科技投入	Tal	（教育支出+科技支出）/地区生产总值
	高新技术产业集聚	Hlq	以就业人数计算的区位熵

资料来源：作者自制

三、数据来源及说明

表6-2 各主要变量的描述性统计结果

变量名	观察值	均值	标准差	最小值	中位数	最大值
Tfp	660	4.014	2.647	0.669	3.421	17.250
Tfpch	660	1.077	0.041	0.911	1.077	1.397
RMI	660	0.585	0.055	0.423	0.588	0.749
RMI01	660	0.197	0.038	0.065	0.207	0.464
Agdp	660	0.098	0.134	−0.023	0.092	3.420
Ind	660	0.437	0.090	0.283	0.415	0.839

变量名	观察值	均值	标准差	最小值	中位数	最大值
Reg	660	0.005	0.004	0.000	0.004	0.031
Find	660	4.916	5.659	0.273	2.994	38.510
Info	660	6.111	1.297	1.593	6.115	9.944
Open	660	0.296	0.363	0.008	0.129	1.721
Edu	660	2.143	0.128	1.761	2.146	2.540
Tal	660	0.035	0.015	0.003	0.032	0.095
Hlq	660	0.936	1.147	0.023	0.512	5.782

跟前述一样，本章核心解释变量房地产市场化指数的细分指标主要来自《中国房地产统计年鉴》《中国金融年鉴》《中国国土资源统计年鉴》《第三产业统计年鉴》《中国统计年鉴》等，缺省值采用插值法和拟合法补齐。被解释变量和其他控制变量主要来自《中国统计年鉴》《中国金融年鉴》《中国财政统计年鉴》《中国人口和就业统计年鉴》《中国高新技术统计年鉴》《中国环境统计年鉴》中经网统计数据库、Wind 数据库以及各省历年统计年鉴，个别缺省值采用插值法。最终，本章最终选取的数据结构为 1999—2020 年中国 30 个省区的面板数据。各主要变量的描述性统计结果如表 6-2 所示。

第三节 实证结果分析

表6-3 基准回归结果

	Tfp					
	（1）	（2）	（3）	（4）	（5）	（6）
RMI	0.1890***	0.1515**	0.1678***	0.1584***	0.1788***	0.1900***
	(2.74)	(2.57)	(2.61)	(2.60)	(2.95)	(2.91)
Agdp		0.8242***	0.7889***	0.7823***	0.8681***	0.8760***
		(3.27)	(3.14)	(3.12)	(3.56)	(3.59)
Ind			3.0940***	3.0791***	1.2954	1.0535
			(2.68)	(2.67)	(1.12)	(0.90)
Reg				13.9982	15.5154	15.9656
				(1.12)	(1.28)	(1.32)
Find					0.0927***	0.0983***
					(6.17)	(5.75)
Info						0.1245
						(0.63)
Open						0.3468
						(1.08)

续表

	Tfp					
	（1）	（2）	（3）	（4）	（5）	（6）
_cons	8.6869***	8.6257***	6.9634***	6.9439***	5.9702***	6.9658***
	（18.10）	（18.10）	（8.93）	（8.90）	（7.72）	（3.58）
年份效应	Y	Y	Y	Y	Y	Y
地区效应	Y	Y	Y	Y	Y	Y
N	660	660	660	660	660	660
R^2	0.552	0.554	0.556	0.556	0.565	0.565

注：解释变量为房地产市场化指数，被解释变量为全要素生产率。系数下括号为标准误。＊表示在10%显著性水平下显著，＊＊表示在5%显著性水平下显著，＊＊＊表示在1%显著性水平下显著（下同）。

面板回归验证房地产市场化改革与全要素生产率的关系，得到表6-3。为便于比较分析，我们仍然采取逐步回归的方法以检验研究结论的稳健性，其中第（1）～（6）列均为同时控制地区效应和年份效应的估计结果。表6-3结果表明，核心解释变量房地产市场化指数（RMI）的系数显著为正，随着控制变量逐步纳入回归方程，系数值逐渐趋于稳定，这一结果与理论预期相吻合，研究假说H4得到初步验证。基准回归结果表明，在综合考虑地区经济发展水平、产业结构、环境规制、金融发展、信息化、对外开放等有可能对地区全要素生产率产生影响的控制变量后，房地产市场化改革与地区全要素生产率依然存在显著的正相关关系。从理论上分析，房地产市场化改革能够不断优化和改善房地产市场资源配置效率，进而对其他类型市场的运行产生积极的促进作用，地区全要素生产率随之得到提升，经济高质量发展获得动力支持。

第四节 区域异质性检验

分区域来看，东、中、西部省区房地产市场化改革对地区全要素生产率的边际影响系数分别为 0.2470、0.1839、0.1451，且均通过显著性水平检验（如表6-4所示）。与中西部相比，房地产市场化改革对东部地区全要素生产率的促进作用更为突出，可能的原因在于，东部沿海省区的市场化改革起步早、见效快，房地产市场与其他要素市场、商品市场、技术市场能够保持高效的联动和响应状态，因此，房地产市场资源配置效率的微小提升，均能显著带动其他市场实现同方向变动，进而推动地区经济实现高质量发展。按照经济地理视角划分的南北地区回归结果表明，房地产市场化改革对地区全要素生产率的促进作用在南方更为显著。

表6-4 区域异质性回归结果

	Tfp				
	东部	中部	西部	北方	南方
	（1）	（2）	（3）	（4）	（5）
RMI	0.2470**	0.1839**	0.1451***	0.1728***	0.2613**
	（1.98）	（2.04）	（3.74）	（3.25）	（2.51）
Agdp	0.7824***	0.8625	0.7150**	0.7927***	0.6170***
	（3.40）	（0.54）	（2.23）	（4.23）	（3.03）

续表

	Tfp				
	东部	中部	西部	北方	南方
	（1）	（2）	（3）	（4）	（5）
Ind	6. 9691***	2. 0500**	1: 6294	0. 8421	3. 5909**
	（3. 19）	（2. 18）	（0. 61）	（0. 66）	（2. 18）
Reg	5. 1293	5. 4139	43. 7406**	16. 8289	10. 9740***
	（0. 22）	（0. 40）	（2. 10）	（1. 32）	（4. 00）
Find	0. 1165***	0. 0657	0. 3002***	0. 2179***	0. 2852***
	（5. 52）	（1. 13）	（2. 96）	（10. 46）	（11. 20）
Info	1. 3782***	0. 2361	0. 2706	0. 5811***	0. 7252***
	（3. 47）	（1. 30）	（0. 53）	（8. 42）	（8. 51）
Open	0. 0657	2. 4854**	5. 6361***	0. 1129	0. 7933*
	（0. 17）	（2. 32）	（3. 66）	（0. 21）	（1. 78）
_ cons	1. 7960	9. 6045***	13. 9241***	1. 8163**	2. 5229***
	（0. 54）	（5. 41）	（2. 96）	（1. 98）	（2. 61）
年份效应	Y	Y	Y	Y	Y
省份效应	Y	Y	Y	Y	Y
N	242	176	242	286	374
R^2	0. 607	0. 673	0. 667	0. 617	0. 625

注：本表第（4）、（5）两列关于南北方区域异质性估计结果是基于经济地理视角的划分，具体划分依据来源于盛来运、郑鑫等学者的研究成果。

第五节 内生性处理

如前所述，以上结果依然可能存在内生偏误：某地区经济发展水平越高，相应地市场机制越完善，政府治理能力越强，政府干预能够朝着有利于资源优化配置的方向良性发展①。因此，地方政府针对房地产市场资源错配而推出的各项改革举措能够因势利导，实现有效市场与有为政府的有机结合。鉴于此，本章继续采用工具变量法来解决可能存在的内生性问题。我们选取核心解释变量房地产市场化指数（RMI）滞后两期作为工具变量进行 2SLS 估计，回归结果如表 6-5 第（1）列所示。弱工具变量检验 F 值为 132.210（大于 10），拒绝弱工具变量原假设；不可识别检验 P 值为 0，拒绝"所有解释变量均外生"的原假设；过度识别检验 P 值为 0.361（大于 0.1），表示接受原假设，说明选择的工具变量均有效，可得到一致的估计结果。核心解释变量 RMI 系数为0.1368，在 5% 的统计水平下显著，这与表 6-3 固定效应估计结果相吻合，研究假说 H4 得到进一步验证。考虑到全要素生产率可能受到往期值的影响，本书将被解释变量的滞后两期纳入模型（6-1）进行分析，采用系统 GMM 估计方法进行检验，结果如表 6-5 第（2）列所示。Sargan 过度识别检验为 1，不能拒绝原假设；AR（1）拒绝原假设，AR（2）大于 10% 的显著性水平均说明模型扰动项的差分存在一阶自相关，但不存在二阶自相关，模型设定合理。我们看到核心解释变量房地产市场化指数 RMI 的系数仍然显著为正，再次验证假说 H4。

① 事实上，并非所有的政府干预都会导致市场扭曲，只有导致资源配置偏离最优状态的政府干预才易造成扭曲和无效率（张晓晶、李成等，2018）。

表 6-5　稳健性检验结果

	Tfp			
	（1）IV	（2）GMM	（3）变换样本	（4）不考虑2020年
RMI	0.1368**	0.0076***	0.0791***	0.1760***
	(2.56)	(23.22)	(2.67)	(3.59)
控制变量	控制	控制	控制	控制
L. Tfp		0.7056*** (8.1161)		
L2. Tfp		0.6469*** (5.1912)		
年份效应	Y	Y	Y	Y
省份效应	Y	Y	Y	Y
不可识别检验 P 值	0.0000			
弱工具检验 F 值	132.210			
过度识别检验 P 值	0.361			
Sargan 检验		1.000		
AR（1）检验		0.000		
AR（2）检验		0.319		
N	600	570	572	630
R^2	0.739		0.522	0.619

第六节 稳健性检验

考虑到直辖市在经济、政治、文化、社会治理等方面的特殊性，我们将原有样本中四个直辖市数据删掉，重新进行回归，结果如表 6-5 第（3）列所示，结果仍然显著为正。2019 年末新冠疫情突然来袭，直接影响到 2020 年诸多经济变量的正常表现，我们将 2020 年数据删除后重新进行回归，结果如表 6-5 第（4）列所示，结果仍然显著。此外，替换核心变量指标的估计结果如表 6-6 所示，结果与前述结果保持基本一致，本书假说 H4 得到了进一步验证。

表 6-6 替换核心被解释变量、解释变量检验结果

	Tfp	
	DEA-Malmquist 指数	"房地产市场与政府关系"分项指数
	（1）	（2）
RMI	0.0890 ***	0.1515 **
	（2.74）	（2.57）
控制变量	控制	控制
年份效应	Y	Y
省份效应	Y	Y
N	660	660
R^2	0.327	0.524

注：上表中第（1）列分别用"DEA-Malmquist 指数"作为被解释变量 Tfp 的替代变量进行稳健性检验；第（2）列采用"房地产市场与政府关系"分项指数作为核心解释变量 RMI 的替代变量进行稳健性检验。

　　与前述一样，我们还搜集了 35 个大中城市 2005—2019 年的面板数据进行稳健性检验①。其中，核心解释变量房地产市场化指数（RMI）的计算与前述有所不同，由于地级市层面与省级层面相比，很多关键指标缺失，很难像第四章一样基于 20 个细分指标计算得到综合指数，因此，我们仍然借鉴张佩瑶、崔建军学者②的思路，根据表 4-1 的测度框架构建"房地产市场与政府关系"分项指数作为房地产市场化改革的替代变量。被解释变量（Tfpch）采用 DEA—Malmquist 指数表示。其中，劳动投入采用《中国城市统计年鉴》中单位从业人员数与私营个体从业人员数之和表示，资本投入借鉴余泳泽、杨晓章等学者③的做法，采用永续盘存法计算得到，选择 1991 年为基期，各市基期资本存量用当年度所在省的固定资本存量乘以各市全社会固定资产占全省的比重表示，而各省 1991 年固定资本存量的计算方法，我们借鉴张军、吴桂英等学者④的做法，并将重庆与四川分开，计算得到以 1978 年为基期，各省历年的固定资本存量值，固定资本投资价格指数采用各市所在省份数据，并换算为以 2000 年为基期，折旧率 δ 设定为 9.6%。产出指标采用各市实际 GDP 表示，计算基期为 2000 年，由于地级市缺乏 GDP 平减指数数据，我们仍然借鉴余泳泽、杨晓章等学者⑤的做法，以所在省份 GDP 平减指数进行不变价处理。

---

① 2021 年《中国城市统计年鉴》数据尚未公开。

② 张佩瑶，崔建军. 市场化改革有助于经济去杠杆吗？——来自中国省级层面的经验证据 [J]. 经济问题探索，2021（10）：1-12.

③ 余泳泽，杨晓章，张少辉. 中国经济由高速增长向高质量发展的时空转换特征研究 [J]. 数量经济技术经济研究，2019，36（6）：3-21.

④ 张军，吴桂英，张吉鹏. 中国省际物质资本存量估算：1952—2000 [J]. 经济研究，2004（10）：35-44.

⑤ 余泳泽，杨晓章，张少辉. 中国经济由高速增长向高质量发展的时空转换特征研究 [J]. 数量经济技术经济研究，2019，36（6）：3-21.

表 6-7　35 个大中城市面板数据主要变量定义

说明	变量	符号	计算方法
被解释变量	经济高质量发展	Tfpch	全要素生产率（DEA—Malmquist 指数）
核心解释变量	房地产市场化指数	RMI	"房地产市场与政府关系"分项指数
控制变量	产业结构	Ind	第三产业增加值/地区生产总值
	外商直接投资	Fdi	实际利用外商投资额/地区生产总值
	交通基础设施	Icon	人均道路建设面积
	地区经济发展水平	Agdp	地区生产总值/总人口，取对数
	人力资本	Edu	每万人中在校大学生数量，取对数
	财政支持	Fins	一般预算内财政支出/地区生产总值
	金融发展	Find	年末金融机构贷款总额/总人口
	信息化	Info	互联网用户数，取对数
	教育科技投入	Tal	教育科技投入/GDP

资料来源：作者自制。

　　控制变量方面，本章借鉴张少辉、余泳泽[1]、田皓森、温雪[2]等学者的做法，最终选择产业结构、外商直接投资、交通基础设施、地区经济发展水平、人力资本、财政支持、金融发展、信息化、教育科技投入表 6-7 作为影响城市全要素生产率的控制变量（主要变量定义及详细计算方法见表 6-7）。表 6-8 为 35 个大中城市面板固定效应估计结果，

---

[1] 张少辉，余泳泽．土地出让、资源错配与全要素生产率［J］．财经研究，2019，45（2）：73-85．

[2] 田皓森，温雪．金融一体化的区域经济高质量增长效应——基于全国 12 个重点城市群的实证研究［J］．宏观经济研究，2021（11）：139-148，175．

结果表明核心解释变量 RMI 系数显著为正①，至此本章假说 H4 得到了充分验证。

表6-8 35个大中城市面板固定效应估计结果

	Re			
	（1）	（2）	（3）	（4）变换样本
RMI	0.0766**	0.0720***	0.0654***	0.0606***
	(2.35)	(3.29)	(3.02)	(4.86)
Ind		0.0743***	0.1286***	0.1271***
		(2.75)	(5.10)	(5.12)
Fdi		0.0091**	0.0084	0.0077
		(2.47)	(1.41)	(1.37)
Icon		0.0012	0.0006**	0.0012**
		(0.59)	(2.28)	(1.98)
Agdp		0.0301***	0.0008***	0.0004***
		(5.56)	(5.01)	(3.01)
Edu		0.0158	0.0194	0.0262*
		(1.15)	(1.41)	(1.87)
Fins			0.0203	0.0158
			(0.17)	(0.13)
Find			0.0087***	0.0098***
			(3.20)	(5.21)

---

① 这里，我们在城市面板数据的变量个数、指标取值、计算方法等方面尽量与前述省级面板数据保持一致，但仍然不可避免地存在一定差异，尽管如此，回归结果仍然可视为基准回归结果的有益补充。

续表

	Re			
	（1）	（2）	（3）	（4）变换样本
Info			0.0170	0.0204
			（1.18）	（1.09）
Tal			2.0062***	0.4584***
			（5.41）	（4.40）
_ cons	1.1073***	0.6420	0.8013	0.6625
	（22.09）	（1.03）	（1.14）	（0.87）
年份效应	Y	Y	Y	Y
省份效应	Y	Y	Y	Y
N	525	525	525	465
R^2	0.552	0.549	0.646	0.644

注：模型（4）变换样本表示剔除四个直辖市后的面板估计结果。

第七节　机制分析

机制分析与调节效应分析略有不同（如图6-2所示）。虽然从广义角度看，调节效应分析也可视为机制分析的变形，甚至异质性分析也可纳入机制分析的范畴，但严格来说，大家一般都采用温忠麟、张雷、温忠麟、叶宝娟等学者[1][2]的做法进行机制检验。

---

[1] 温忠麟.张雷，侯杰泰，等.中介效应检验程序及其应用 [J].心理学报，2004（5）：614-620.

[2] 温忠麟，叶宝娟.中介效应分析：方法和模型发展 [J].心理科学进展，2014，22（5）：731-745.

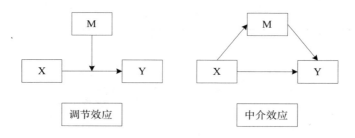

图6-2　调节效应与中介效应对比分析

　　此外，我们还注意到，2021年1月以来，由《当代财经》《财贸经济》《中国工业经济》等杂志社牵头向学术界发出"慎用中介效用模型做经济学机制分析"等倡议，并邀请多位知名学者发表看法，提醒作者谨慎使用这一方法，引起社会广泛关注。但时至今日，采用机制分析的文章依然较为普遍，这说明大家一方面认识到这一方法存在内生性缺陷，但同时也看到它在揭示和识别传导路径方面确实有其优势。有鉴于此，本章在此仍然采用前面构建的机制检验模型6-1、6-2、6-3进行实证分析，以此作为一种有意义的论证尝试。

表6-9 全国层面机制检验结果

	Tfp	Edu	Tfp	Tfp	Tal	Tfp	Tfp	Hlq	Tfp
	(1)	(2)	(3)	(4)	(5)	(6)	(7)	(8)	(9)
Rmi	0.1900***	0.5076*	0.1061**	0.1900***	0.1853**	0.1728*	0.1900***	0.4269**	0.1352**
	(2.91)	(1.67)	(2.18)	(2.91)	(2.48)	(1.94)	(2.91)	(2.33)	(1.98)
Med			0.1653*			0.0924*			0.1284*
			(1.91)			(1.94)			(1.86)
控制变量	控制	控制	控制	控制	控制	控制	控制	控制	控制
年份效应	Y	Y	Y	Y	Y	Y	Y	Y	Y
省份效应	Y	Y	Y	Y	Y	Y	Y	Y	Y
N	660	660	660	660	660	660	660	660	660
R^2	0.565	0.620	0.577	0.565	0.737	0.884	0.565	0.729	0.884

如前所述，我们选取人力资本（Edu）、教育科技投入（Tal）、高新技术产业集聚（Hlq）为机制变量，对房地产市场化改革驱动经济高质量发展的作用机制进行间接验证，回归结果如表6-9所示。模型（1）~（3）结果表明，核心解释变量RMI对被解释变量Tfp的边际系数 α_1 显著为正，且模型（2）、（3）中系数值 β_1、γ_2、γ_1 均显著，说明人力资本在房地产市场化改革驱动经济高质量发展过程中起到部分中介的作用，根据机制分析量化分解公式，人力资本的间接效应占总效应比重为 $\frac{\beta_1\gamma_2}{\alpha_1} = 0.5076 * 0.1653/0.1900 = 44.16\%$，研究假说 H5 得到初步验证。以此类推，教育科技投入、高新技术产业集聚也均通过机制检验，相应地，间接效应比重分别为 9.01%、28.85%，研究假说 H6、H7 也得到验证。从数值上看，房地产市场化改革通过人力资本提升推动全要素生产率提高的作用效果最为显著，高新技术产业集聚的传导机制作用次之，教育科技投入最为微弱。

分区域来看，东部地区人力资本、教育科技投入、高新技术产业集聚三大机制的间接效应占总效应比重分别为 51.94%、2.56%、51.97%（如表6-10所示）。这表明东部省区的房地产市场化改革通过人力资本提升和高新技术产业集聚机制对经济高质量的促进作用效果相当，且远高于全国总体水平。中、西部地区人力资本的间接效应占总效应比重分别为 32.74%、35.16%，教育科技投入为 8.04%、15.89%，高新技术产业集聚分别是 7.28%、4.81%（如表6-11、6-12所示），研究假说 H5—H7 得到进一步验证。可见中西部地区人力资本发挥的作用仍然较大，但高新技术产业集聚的传导效果相对微弱。可能的原因在于，中西部省区大多仍处于以地引资、投资驱动的粗放发展阶段[1]，房地产市场

---

① 刘守英，王志锋，张维凡，等.“以地谋发展”模式的衰竭——基于门槛回归模型的实证研究 [J]. 管理世界，2020，36（6）：80-92，119，246.

资源配置效率的显著提升尚未能与城市基础设施建设、优质公共服务供给形成有效互动，最终导致引资质量难以取得显著突破，工业园区转型升级面临较大困难，严重影响地区经济持续高质量发展。

基于经济地理视角划分①的南北方地区机制检验结果如表 6-13、6-14 所示。北方地区人力资本、教育科技投入、高新技术产业集聚三大机制的间接效应占总效应比重分别为 35.05%、11.63%、14.99%，南方地区依次为 51.01%、6.77%、35.76%。我们发现，除教育科技投入机制外，其余两大传导机制在北方地区表现均弱于南方地区，充分表明南方地区的房地产市场化改革更能够通过人力资本提升、高新技术产业集聚在推动地区全要素生产率提高方面发挥作用，而北方地区更多地依赖地方财政的创新投入对经济发展施加间接影响，且效果有限。至此，本书机制检验得到充分验证。

---

① 具体划分依据来源于盛来运、郑鑫等（2018）学者的研究成果。

表6-10　东部地区机制检验结果

	Tfp	Edu	Tfp	Tfp	Tal	Tfp	Tfp	Hlq	Tfp
	(1)	(2)	(3)	(4)	(5)	(6)	(7)	(8)	(9)
Rmi	0.2470**	0.6860*	0.1187*	0.2470**	0.4099***	0.2407*	0.2470**	0.7655***	0.1186*
	(1.98)	(1.83)	(1.71)	(1.98)	(5.46)	(1.68)	(1.98)	(5.94)	(1.73)
Med			0.1870***			0.0154***			0.1677***
			(3.20)			(5.98)			(6.08)
控制变量	控制	控制	控制	控制	控制	控制	控制	控制	控制
年份效应	Y	Y	Y	Y	Y	Y	Y	Y	Y
省份效应	Y	Y	Y	Y	Y	Y	Y	Y	Y
N	242	242	242	242	242	242	242	242	242
R^2	0.607	0.544	0.522	0.607	0.442	0.534	0.607	0.425	0.634

表6-11 中部地区机制检验结果

	Tfp	Edu	Tfp	Tfp	Tal	Tfp	Tfp	Hlq	Tfp
	(1)	(2)	(3)	(4)	(5)	(6)	(7)	(8)	(9)
Rmi	0.1839**	0.3500**	0.1237**	0.1839**	0.1550***	0.1691**	0.1839**	0.1967***	0.1705*
	(2.04)	(2.18)	(2.03)	(2.04)	(3.10)	(2.01)	(2.04)	(10.30)	(1.70)
Med			0.1720***			0.0954**			0.0681*
			(3.64)			(2.23)			(1.84)
控制变量	控制	控制	控制	控制	控制	控制	控制	控制	控制
年份效应	Y	Y	Y	Y	Y	Y	Y	Y	Y
省份效应	Y	Y	Y	Y	Y	Y	Y	Y	Y
N	176	176	176	176	176	176	176	176	176
R^2	0.673	0.455	0.520	0.673	0.728	0.781	0.673	0.771	0.681

表6-12 西部地区机制检验结果

| | Tfp | Edu | Tfp | Tfp | Tal | Tfp | Tfp | Hlq | Tfp |
	(1)	(2)	(3)	(4)	(5)	(6)	(7)	(8)	(9)
Rmi	0.1451***	0.2750**	0.0941**	0.1451***	0.1276**	0.1220*	0.1451***	0.0898*	0.1381*
	(3.74)	(2.23)	(2.40)	(3.74)	(2.52)	(1.71)	(3.74)	(1.72)	(1.87)
Med			0.1855***			0.1807*			0.0778***
			(5.41)			(1.89)			(3.86)
控制变量	控制	控制	控制	控制	控制	控制	控制	控制	控制
年份效应	Y	Y	Y	Y	Y	Y	Y	Y	Y
省份效应	Y	Y	Y	Y	Y	Y	Y	Y	Y
N	242	242	242	242	242	242	242	242	242
R^2	0.667	0.436	0.729	0.667	0.779	0.744	0.667	0.514	0.450

表6-13 北方地区机制检验结果

		Tfp (1)	Edu (2)	Tfp (3)	Tfp (4)	Tal (5)	Tfp (6)	Tfp (7)	Hlq (8)	Tfp (9)
Rmi		0.1728***	0.3640***	0.1122*	0.1728***	0.1668***	0.1527**	0.1728***	0.2804***	0.1469*
		(3.25)	(3.29)	(1.79)	(3.25)	(3.45)	(2.10)	(3.25)	(5.73)	(1.94)
Med				0.1664***			0.1205***			0.0924***
				(3.41)			(2.98)			(3.46)
控制变量		控制	控制	控制	控制	控制	控制	控制	控制	控制
年份效应		Y	Y	Y	Y	Y	Y	Y	Y	Y
省份效应		Y	Y	Y	Y	Y	Y	Y	Y	Y
N		286	286	286	286	286	286	286	286	286
R^2		0.617	0.543	0.704	0.617	0.639	0.611	0.617	0.718	0.715

173

表6-14 南方地区机制检验结果

	Tfp				Tfp				
	Tfp	Edu	Tfp	Tfp	Tal	Tfp	Tfp	Hlq	Tfp
	(1)	(2)	(3)	(4)	(5)	(6)	(7)	(8)	(9)
Rmi	0.2613**	0.5755**	0.1280*	0.2613**	0.2230**	0.2436**	0.2613**	0.5346***	0.1679**
	(2.51)	(2.40)	(1.72)	(2.51)	(2.19)	(2.17)	(2.51)	(3.38)	(2.11)
Med			0.2316***			0.0793***			0.1748***
			(5.15)			(3.61)			(5.50)
控制变量	控制	控制	控制	控制	控制	控制	控制	控制	控制
年份效应	Y	Y	Y	Y	Y	Y	Y	Y	Y
省份效应	Y	Y	Y	Y	Y	Y	Y	Y	Y
N	374	374	374	374	374	374	374	374	374
R^2	0.625	0.635	0.698	0.625	0.611	0.602	0.625	0.554	0.504

第八节 本章小结

本章借助第四章计算得到的房地产市场化指数，运用1999—2020年中国30个省区的面板数据，实证检验房地产市场化改革与地区经济高质量发展之间的内在关系。实证结果表明：（1）房地产市场化改革能够显著提高地区全要素生产率，助力经济高质量发展。分区域检验结果表明，房地产市场化改革对地区全要素生产率的拉动作用在东部地区最为明显，中部次之，西部最弱；按照经济地理视角划分的南北地区检验结果表明，房地产市场化改革对地区全要素生产率的拉动作用在南方比北方更为突出。（2）房地产市场化改革能够通过人力资本提升、创新投入强化、高新产业集聚三大机制促进地区经济高质量发展，从作用效果看，人力资本提升机制最为有效，高新技术产业集聚机制次之，创新投入强化机制最为微弱。（3）东部省区市的房地产市场化改革通过人力资本提升和高新技术产业集聚机制对经济高质量的促进作用效果相当，且远高于全国总体水平，而中西部地区人力资本发挥的作用虽仍较大，但高新技术产业集聚的传导效果相对微弱。除教育科技投入机制外，其余两大传导机制在南方地区表现均强于北方地区。变换多种模型设定和变量度量方法均未改变上述结论。

第七章

主要结论与对策建议

　　长久以来，房地产业一直被视为国民经济的晴雨表，尤其在经济低迷时，它对稳定经济增长、缓解就业压力、增进民生福祉等方面发挥重要作用。2020 年至今，受新冠疫情及全球经济低迷影响，国民经济各行各业均遭遇了一些困难，此时如果通过房地产救市托底，稳定经济基本盘，但又无法适时推出配套的制度约束和保障的话，势必出现新一轮炒房浪潮、房价上涨，此前几年的调控努力将付诸东流。因此从 2019 年 7 月起，中央一方面强调"房住不炒"定位，不将房地产作为短期刺激经济的手段，同时另一方面又提出"支持各地从当地实际出发完善房地产政策""促进房地产业健康发展和良性循环"的目标，要求稳地价、稳房价、稳预期，支持刚需住房和改善型住房需求。进入 2022 年，很多城市开始逐渐放松限购禁令①，通过降低首付比例、调整税收优惠、发放购房补贴、提高公积金贷款上限、支持"三孩"家庭住房消费等方式稳定市场信心，但目前尚未出台关键的制度约束机制，很多人关心的房产税制度也尚颁布实施，未来如何实现房地产市场的平稳健康发展是一个重大的理论和现实议题。

　　本书尝试从"市场化改革"的视角出发，着重探讨房地产市场制

---

① 截至 2022 年 4 月底，全国已有近 80 多个城市放松或取消限购令。

度变迁、资源配置效率变动与地区经济增长之间的内在关系，为有效化解当前房地产市场诸多弊病，贯彻落实中央"房住不炒"定位，因势利导促进房地产业健康发展和良性循环提供新的改革思路。实证方面，本书主要采用 1999—2020 年全国 30 个省区的面板数据进行回归分析，同时为弥补现有数据不足，我们还搜集了 35 个大中城市的面板数据进行稳健性检验，以增强实证结论的稳健性和科学性。

本章主要包括三部分内容，一是总结概括全书研究结论，包括理论和实证两个方面。二是依据已得出的研究结论提出具体的可行性对策建议。三是总结全书的研究不足，提出未来研究展望，为今后深入探讨房地产市场相关理论和实际问题指明方向。

第一节　主要结论

本书通过前述一系列理论和实证分析，最终得出以下具体结论：

一、中国的房地产市场化改革脱胎于高度集中的计划经济体制，因此具有明显的政府主导属性。整个市场化进程中，政府牢牢掌握政策选择和政策力度的主动权。政府通过建立市场化制度体系、发布改革措施可有效缓解市场内生性扭曲，提高资源配置效率，但与此同时可能会造成新的政策性、结构性和制度性扭曲，致使改革的边际作用呈现递减趋势，甚至转化为负向效应。由于当前中国的房地产市场体系尚未趋于成熟，市场机制无法充分发挥调节作用，因此，政府往往动用常规的调控手段得不到预期的政策效果，或者根本事与愿违。在这种情况下，各级政府出于稳定经济增长预期的考虑，同时也来源于多年来对行政命令式调控模式的驾轻就熟，"本能"地会采取行政干预的手段以取得短期内调控效果的立竿见影。但这样很可能就错失了推进市场化改革的有利时机，结果导致房地产市场扭曲现象不降反增，进而影响到房地产业的健康发展和良性循环。

二、市场化并不等同于自由化，尤其对于转型国家的市场化改革来说，政府的角色至关重要。因此，本书所主张的"房地产市场化改革"是政府主导下的市场化改革，其本质上是一种改革趋向和渐进化理念，无法要求一朝一夕之间可以完成。但在这一进程中，市场机制的作用得到充分发挥，市场要素体系、组织体系、法制体系、监管体系、信用体系以及信息体系建设得以全面有序推进，更重要的是，政府应对和解决市场不足（如抑制炒房、化解金融风险等）的手段更多地从经济、法律等方面着手，行政限令、审批有序退出，政府行为得到有效规范。

三、房地产市场化改革有助于长效机制的构建。房地产市场化改革的目标就是要提高市场的有效性，使价格机制能够最大限度反映市场供求变动关系，进而科学引导市场主体投资和消费预期，促进劳动、资本、技术等要素资源的合理高效流动，加速资源优化配置。正如陈云贤教授所说，在市场功能、市场秩序、市场环境三个维度得到稳步提升。[1] 但中国的房地产市场化改革离不开政府的强有力推进，因此，"政府有为"不可或缺，通过积极的市场主体培育、信用体系建设、要素市场改革、监管模式调整、法制框架构建等，推动市场体系逐步趋于完善。目前，以"限"为主的调控思路虽暂时取得成效，但无法解决根本问题，从长远看，仍需要选择有利时机，积极稳妥地推进土地市场化、信贷差异化、房地产税制科学化、政府监管信息化、数字化、调控模式法制化、销售和交易透明化等长期制度体系建设，因势利导解决现有难题。

---

[1] 陈云贤. 中国特色社会主义市场经济：有为政府+有效市场 [J]. 经济研究, 2019, 54（1）: 4-19.

四、通过构建房地产市场化指数，我们得到如下结论：多年来，中国的房地产市场化总体水平得到显著提升，但增长速率呈下降趋势，表明改革步入深水区，阻力在增大。整个进程中，各分项指数表现不一：政府与市场关系改进指数 2001 年后呈逐年下降趋势，表明政府配置资源的能力不断得到加强；房地产要素市场发育指数从 2004 年后开始上升，并趋于稳定；房地产市场非国有经济发展指数呈现逐年上升态势；商品房市场发育指数在 2013 年之前较为平稳，此后由于库存原因短暂下滑，2015 年后再度上升；房地产市场中介组织发育和法律制度环境改善指数基本呈现上升态势。省际测度结果表明，长三角、珠三角地区、成渝地区、长江中游城市群所在地区房地产市场化水平较高，京津两地由于近年来管控较严，市场化水平较低。分区域看，1999—2020年，中部地区房地产市场化指数均值年均增速远高于东部地区，东部高于西部，其中西部年均增长率为负值。区域差异方面，1999—2020 年全国 30 个省区市房地产市场化水平的总体差异呈现"先缩小后扩大"的动态变动趋势，且这一总体差异主要来自区域内差异，其中东部对总体差异贡献最大，西部次之，中部最小。南北差异方面，南方各省对总体差异的贡献率略高于北方，但北方地区近年来呈上升趋势，而南方呈下降趋势，预计不久之后北方地区对总体差异的贡献率将超过南方地区。

五、实证层面，本书通过对房地产市场化改革影响地区经济增长"规模"的实证检验，得出如下结论：房地产行业的市场化改革能够通过产业联动、要素融合、融资激励三大效应显著拉动地区经济增长。一个地区房地产市场化改革成效越显著，水平越高，那么该地区经济增长越快。分区域检验结果表明，房地产市场化改革对地区经济增长的拉动作用在东部地区最为明显，中部次之，西部最弱；按照经济地理视角划分的南北地区检验结果表明，房地产市场化改革对地区经济增长的拉动作用在南方比北方更为突出。金融在房地产市场化改革驱动地区经济增长过程中存在显著的门槛效应。全国样本下，金融发展存在单门槛效应，具体表现为，当金融发展低于最优门槛值时，房地产市场化改革对地区经济增长产生促进作用；当金融发展高于门槛值时，这一促进作用受到一定削弱，但边际系数仍然为正。单门槛效应在金融发展适中、金融滞后省区同样存在，但在金融发达省区存在双门槛效应，这表明对金融越发达地区而言，房地产市场化改革对地区经济增长的影响随着金融支持力度的增强而逐渐下降，且速率更快，并最终变为负值。变换多种模型设定和变量度量方法均未改变上述结论。

六、经济增长过程中的数量和质量就像一枚硬币的两面，二者紧密相关同时又各有侧重，我们一般将质量提升视为数量扩张的提高和升华。因此，本书最后一部分基于效率视角，对房地产市场化改革与地区经济高质量发展的关系进行检验，结果表明：房地产市场化改革能够通过提升本市场资源配置效率，进而显著提高地区全要素生产率，助力经济高质量发展。分区域检验结果表明，房地产市场化改革对地区全要素生产率的拉动作用在东部地区最为明显，中部次之，西部最弱；按照经济地理视角划分的南北地区检验结果表明，房地产市场化改革对地区全要素生产率的拉动作用在南方比北方更为突出。影响机制方面，房地产市场化改革能够通过人力资本提升、创新投入强化、高新产业集聚三大机制促进地区经济高质量发展；从作用效果看，人力资本提升机制最为有效，高新技术产业集聚机制次之，创新投入强化机制最为微弱。东部省区的房地产市场化改革，通过人力资本提升和高新技术产业集聚机制，对经济高质量的促进作用效果相当，且远高于全国总体水平，而中西部地区人力资本发挥的作用虽然较大，但高新技术产业集聚的传导效果相对微弱。除教育科技投入机制外，其余两大传导机制在南方地区表现均强于北方地区。变换多种模型设定和变量度量方法均未改变上述结论。

第二节　对策建议

当前，针对房地产市场存在的一系列弊病，如炒房投机盛行、市场秩序混乱、企业信用缺失、供需错配等问题，一"限"了之并非长久之计，但贸然"松绑"① 又必然落入往日的恶性循环，进退失据。因此，我们主张采用因势利导的办法，选择有利时机，对已实施多年的房地产市场化制度体系进行渐次改革，通过巧妙高效的机制设计，稳步提高房地产市场自身支持住、抑制炒的调节能力，并辅之以差异化的政府调控手段，根本上推动房地产业健康发展和良性循环。

一、加强房地产市场体系建设

建设高标准市场体系，是坚持和完善社会主义市场经济体制的内在要求。② 房地产市场作为全国统一大市场的重要组成部分，对畅通国民经济上下游产业，激发内需增长活力，实现产供销有效衔接具有重大作用。针对当前，住房与户籍、教育、养老、医疗、就业等基本公共服务紧紧捆绑的客观现实，应当清醒看到其在制约要素流动、造成市场分割、提高交易壁垒、恶化竞争环境等方面的负向作用，通过积极的学区房制度改革、户籍制度改革、医疗制度改革等，探索房产与户籍、教育、医疗等现实脱钩的新方案、新路径，教师轮岗制③、名校组团化发

---

① 2022 年 3 月 30 日，福州市成为首个放开限购的省会城市。

② 刘鹤. 必须实现高质量发展 [N]. 人民日报，2021-11-24 (6)；马建堂. 建设高标准市场体系与构建新发展格局 [J]. 管理世界，2021，37 (5)：1-10.

③ 陈婧，范勇. 轮岗交流政策能促进教师专业发展吗？——基于东中西部六省市的实证调查 [J]. 教师教育研究，2022，34 (3)：91-99，128.

展、租赁赋权①、名额分配到校等新思路、新举措应尽快制订方案细则，逐渐向更大城市范围推广应用。为进一步发展和壮大住房租赁市场，应尽快总结各地住房租赁条例实施的经验不足，加快推进《住房租赁法》的立法进度；重点培育打造一批专业化、规模化、机构化租赁企业，严格规范个人转租住房的条件、数量与程序等问题，保护租赁双方合法权益。针对现阶段住房矛盾，开始从总量短缺转变为结构性供给不足等新情况、新问题，应充分利用当前国家发展住房租赁市场有利契机，出台差异化的财税信贷政策，鼓励存量房源在商品房市场与保障房市场互通有无，打通租购转换通道；可优先尝试在都市圈、城市群范围内试点推行住房数字化、信息化建设，精准识别不同群体的租购需求，提高住房供需匹配速率。保障房建设、运营与分配方面，仍需继续引入市场机制，探索配建、代建、PPP，以及其他可行性建设模式，缓解地方政府财政压力；全方位统筹和优化已有存量保障房的类型、结构、规模以及空间分布等既有信息，积极引入数字化分配机制，提高保障房运营和利用效率；不断细分保障层次，根据实际情况及时调整或降低保障房申请门槛，适时将环卫工人、公交司机等住房困难群体，高科技创新人才、符合条件的新就业无房职工、外来务工人员和青年医生、青年教师等纳入保障范围。动态调整保障房退出机制，加强民政、房产、劳动、财税等部门信息交流频次，确保全民住有所居。

二、协调推进房地产市场制度建设

1998 年至今，中国房地产市场实施了一系列市场化制度安排，包括土地招拍挂制度、商品房预售制度、住房信贷制度、公积金制度、交

---

① 陈杰.学区房顽症的系统剖析与治理方案［J］.财经智库，2021，6（3）：95-104，143.

易与产权制度等。多年来，这些制度在培育和发展壮大房地产市场、提升资源配置效率等方面发挥了积极作用，但由此带来的政策性、结构性市场扭曲无可避免，未来仍应牢牢坚持市场化改革大方向，持续推动房地产市场制度体系优化与改进。土地出让方面，尽快将工业用地出让纳入市场化轨道，提高出让效率；适度降低地方政府在土地征收与土地出让环节的双重垄断地位，探索集体经营性建设用地入市可行性方案①，以及城乡建设用地增减挂钩节余指标的跨省域统筹调节新路径、新经验和新模式，优化土地供应；提高对地方政府土地出让收入的征收监管力度，全面推广税务部门代征代管模式②，提高监管透明度；实施地方税制改革，加快推进与实施不动产登记制度，明确提出房产税落地时间与征收方案③，调整增值税、消费税、环境税、资源税、所得税比例关系，稳定地方财力。房地产信贷方面，坚持差异化原则，依托大数据信息网络建设，精准识别"合理投资需求"与"过度投机需求"，支持刚需购房与改善型需求，增进民生福祉。房产租赁、产权交易、中介物业服务等方面，加强法治体系建设和惩处力度，建立公开透明的监督、制约与反馈机制，从而与监管部门定期专项整治工作形成有效配合。针对公积金跨区域转移、提取、贷款、共享等方面的体制机制障碍，一方面，应当在都市圈、城市群范围内逐步开展缴存、提取、互认、互贷等体制机制调整和试点探索，以适应新型城镇化和住房城乡融合的发展需要；另一方面，还要致力于整合现有住房公积金体系，探索建立全国性

---

① 程雪阳. 集体经营性建设用地入市背景下土地税制的完善 [J]. 武汉大学学报（哲学社会科学版），2022，75（4）：154-162.

② 2021 年 6 月，财政部在河北、上海、浙江等部分省区市试点推行"国有土地使用权出让收入等政府非税收入划转税务部门征收"工作，为全面实施征管划转工作积累经验。

③ 杨龙见，岳童，王佳文，等. 房产税、资源配置与城市生产效率 [J]. 财经研究，2021，47（10）：50-64.

或区域性住房政策性金融机构，丰富住房信贷资金融资渠道，全面提升公积金利用效率等。

三、优化和改进房地产调控思路

以往以"限"为主的调控模式逐渐式微，过度干预市场主体的经济行为使得房价不降反增，未来应积极转变思路，尝试在"稳地价、稳房价、稳预期"的政策框架下多从供给侧寻求突破，具体包括盘活存量土地、激活市场空置房源、打通商品房、保障房、社会租赁住房融通渠道、畅通租买选择机制等。此外，应当逐步改变现有调控政策的随机性、短期性①，建立健全行政干预市场的进入和退出机制，更多地采用常规的经济手段、法律手段进行预期调控。创新监管方式，建立健全房地产信息监测体系和个人住房信息联网制度，摸清家底，使调控有的放矢。针对多年来房地产市场存在的资本扩张②、信用缺失、无序竞争等乱象，应加强政府治理能力，果断制订整治方案③，结合短期目标和长期规划，分阶段对房地产开发、买卖、交易、融资、租赁、服务等环节的违规、失信、欺诈、推诿等问题进行集中清理，优化市场秩序、净化市场环境，强化监督考核，提高程序透明度，接受公共监督和反馈。进一步完善房地产市场信用体系建设，各地可依托数字化平台，实时更新房地产开发企业、住房租赁企业、中介服务机构等信用评分与等级，建立企业信用档案，增强市场主体风险防范意识，打造失信受惩、诚信受益的公平竞争环境。

---

① 郭克莎，黄彦彦. 从国际比较看中国房地产市场发展的问题及出路 [J]. 财贸经济，2018，39（1）：5-22.

② 如经营贷、个人消费贷违规入市等。

③ 2021 年 7 月以来，住房和城乡建设部等 8 部门发布联合开展《关于持续整治规范房地产市场秩序的通知》，至今已取得明显成效，未来应加大整治力度，形成常态化机制。

四、防范和抑制虚拟经济过度膨胀

金融是现代经济的血脉①，同时也是一切危机、风险的源头和焦点。金融过度支持房地产易导致虚拟经济过度繁荣，对国民经济长远发展不利。当前，我国的房地产金融市场普遍存在融资渠道少、传导反馈慢、监管滞后、产品种类不全、价格波动大等问题，房企融资、地方政府土地融资、个人住房按揭大多通过银行等金融机构间接完成。因此，房地产业的高杠杆发展模式亟待调整和转型。未来，房企的多元化探索将成为行业常态，各地应当继续以"房企融资三道红线""银行业涉房贷款两道红线"为基础，加强数字化信息体系建设，动态监测信贷资金流向，精准服务实体经济重要行业和关键领域，严控经营贷、个人消费贷违规入市等乱象。下一步，商品房预售制度应逐步进行调整，但短期仍然有存在的必要，重点是加强预售资金监管，提高使用效率，既保证房企资金链稳定，又要避免出现监而不管、房企跑路、项目烂尾的不利局面。应当及时总结海南、深圳、杭州、南京、苏州、合肥等试点经验，探索以企业偿债能力、流动速动比率、净借贷比率、债务期限结构等作为是否发放预售许可或调整预售条件重要依据，推动房地产行业优胜劣汰，规范市场秩序。地方政府为房企适当松绑，应当兼顾风险原则与盈利原则，为企业纾困不应盲目绿灯，要有所区别、有所取舍。针对现阶段多地出现的"烂尾""断贷"等问题，各地政府、银行、金融资产管理公司（AMC）等部门或机构应根据企业治理水平、盈利能力、债务期限、经营质量、资质条件等客观约束，因地制宜注入流动资金或设立房地产纾困基金，通过资产处置、资源整合、重组并购等方式盘活

---

① 方意，荆中博，马晓. 中国房地产市场对银行业系统性风险的溢出效应 [J]. 经济学（季刊），2021，21（6）：2037-2060.

流动性困局，分门别类助力工程项目恢复运转。对地方政府土地融资债务方面，也应当充分考虑区域异质性，在摸清底数、基数的情况下探索以债务置换的方法防范和化解隐性债务风险①。同时提高城投债发放条件，严控新增隐性债务规模比例，强化问责和监督力度，推动地方政府"自发自还"债务政策落地生效。

五、推动金融、房地产与实体经济均衡发展

现阶段，房地产业仍是国民经济的支柱产业，促进房地产业健康发展与良性循环是当前，以及今后一段时间稳定经济增长大局、推动经济持续高质量发展的必然选择。当前中国实体经济面临困境的主要原因是企业创新能力不足，核心技术匮乏，研发机制僵化等，而金融过度支持房地产的直接原因，是多年来房地产业搭乘城镇化快车，而持续保持较高的利润率水平，假如一味地压制房地产业发展，但实体经济本身的创新水平得不到显著提升，金融资本自然会涌向另一个盈利行业，这是由金融资本的逐利性所决定的。因此，振兴实体经济的首要和关键是着力提高制造业供给体系质量②，推进产业基础高级化、产业链现代化，真正打造现代产业体系。毫无疑问，金融与房地产健康发展也要服从这个大局。针对当前虚拟经济与实体经济相背离的显著趋势，一方面，应当充分借助房地产关联产业众多等优势，保持房价平稳运行，为激活传统实体产业争取时间和空间；另一方面，以国家级新区、国家自主创新区、自由贸易试验区、综合配套改革区等先行先试区、高新产业集聚区高质量发展为契机，加快产城融合步伐，以实体为本，统筹推进住房、

---

① 邱志刚，王子悦，王卓. 地方政府债务置换与新增隐性债务——基于城投债发行规模与定价的分析 [J]. 中国工业经济，2022（4）：42-60；刘喜和，叶静，楼倩. 地方政府债务、银行信贷配置与制造业创新 [J]. 审计与经济研究，2022，37（4）：101-109.

② 黄群慧. 论新时期中国实体经济的发展 [J]. 中国工业经济，2017（9）：5-24.

教育、医疗、交通、物流、养老、休闲、娱乐、商业等公共配套服务建设、打造金融、房地产与实体经济融合发展新样本。针对当前实体企业"脱实向虚",与此同时房地产企业纷纷谋求多元化经营的客观现实,一方面应当积极调整和优化现有产业政策,尤其是战略性新兴产业政策①,通过持续的简政放权和放管服行政体制机制改革,着力解决新兴产业政策制定过程中的信息不对称和权力寻租现象,借助市场杠杆,引导要素资源更多地向实体行业流动。另一方面,政府在金融支持实体经济发展过程中不应过度插手和干预,以免造成金融市场资源配置的扭曲和错配,政府的角色更多地应当是从宏观和制度视角不断改善实体产业的投融资环境,打通金融支持实体企业投融资渠道,不断加大科技创新支持力度等方面入手,最终目的在于提升实体经济的质量和效益。房企跨业经营、多元化扩张问题应当引起决策部门高度重视,要防止个别房企假借文化、休闲、康养、绿色、新能源等项目名义大肆圈地、变相推高经营杠杆的极端行为,主业与副业、盈利与亏损、短期涉足与长期深耕之间的利弊权衡要求企业、政府与银行都要从根本上摒弃以往粗放式盈利模式,转而探索精细化、专业化、规模化、集约化的发展模式,通过打造全产业链竞争优势,持续巩固自身行业地位,降低企业经营风险。新型城镇化、新型工业化中后期,地方政府通过传统招商引资模式很难实现高新技术产业集聚。为此,房地产市场转型发展应当更多地同城市更新改造、城乡人居环境改善、基础公共服务均等化②、产城深度融合、数字产业创新等新模式、新动向有机结合起来,以激活现有劳动力、资本、土地、技术、数据等生产性资源要素潜能,释放实体经济发

---

① 李增福,黄东晓,云锋.产业政策何以导致了企业"脱实向虚"?[J].经济社会体制比较,2021(4):56-63;李娅,官令今.规模、效率还是创新:产业政策工具对战略性新兴产业作用效果的研究[J].经济评论,2022(4):39-58.

② 吕萍,邱骏,丁富军,等.住房属性困境、产权残缺与住房制度改革——基于中国住房政策演变和调整讨论[J].公共管理与政策评论,2021,10(5):115-127.

展活力。

第三节　研究不足与研究展望

一、研究不足

尽管围绕房地产市场化改革与地区经济增长关系的核心命题，本书从理论和实证层面进行了较为系统和全面的分析，但考虑到现实情况的复杂性、认知的局限性以及数据可得性等多方面因素，本书尚存在以下不足之处。

对房地产市场化改革中如何正确处理市场与政府关系的论述有待进一步深入。如前所述，市场化并不等同于自由化，尤其对转型国家的市场化改革来说，政府的角色至关重要。目前，有效市场和有为政府理论已受到决策层高度重视，并体现在中共中央、国务院《关于加快建设全国统一大市场的意见》等政策文件中。究竟应当以怎样的理论指导中国的改革实践，具体到房地产市场中，如何正确处理市场与政府的关系仍需深入探讨。

有关变量的测度方法与衡量标准有待进一步细化和完善。本书中，关于房地产市场化指数的测度所需的 20 个基础指标中，以省级层面最为完整，地市级层面仅有 35 个大中城市的数据，但指标不全，关键变量存在缺失，难以按照樊纲、王小鲁等学者提出的市场化测度框架进行构造①，因此，本书最终选取的是 1999—2020 年 30 个省区的面板数据，

---

① 目前，樊纲、王小鲁等学者提出的市场化测度框架在学术界已取得了比较广泛的认可。很多学者借鉴和采用了这一框架测度对细分行业进行测度，例如，丁艳、李永奎（2015）等。

并以 35 个大中城市数据进行稳健性检验，但实际操作过程中可能存在具体变量测度方法、指标选择思路、遗漏个别指标等方面的不足，仍需后续研究加以改进。

关于房地产与经济增长互动关系的理论研究仍有待进一步深化。多年来，关于房地产与宏观经济的话题永远牵动人心，因为房价涨跌关系着绝大多数家庭财富的变迁、企业投资的动向、金融体系的稳定、社会财富的创造等方方面面。1998 年至今，中国房地产市场化改革虽只经历了二十多年，但却走完西方国家上百年的历程，因此整个学术界对其内在规律的认识和把握还处于不断完善当中，本书从市场化改革的视角深入探讨房地产与经济增长的关系，目前只能算万里长征走完第一步，未来还需要结合不断涌现的新情况新问题深入探讨。

二、研究展望

鉴于上述研究不足，未来一段时间，我们将致力于以下几方面的深入探讨。

关于房地产市场化指数的计算，今后我们将尝试不同的测度框架，或者提出自己的测度框架；在指标选取方面，为增强代表性，未来还需加入微观指标，或与中介机构展开合作，丰富指标体系的维度；在权重选择方面，除了本书所采用的纵横向拉开档次法之外，我们还需要寻找更合适的动态评价方法，并比较不同方法之间的结果差异，最终构建科学合理的测度模型，并以此作为后续研究者探讨和分析房地产市场资源配置效率或市场扭曲的重要参考。

本书主要聚焦的是房地产市场化改革与地区经济增长的关系，为丰富相关研究成果，我们还将深入探讨房地产市场化改革与经济波动平抑、金融风险防范、共同富裕战略等其他经济问题的内在机理与影响机制，力争形成系列成果，为决策部门提供借鉴和参考。

　　进一步对美国、英国、德国、法国、日本、韩国、新加坡等世界主要经济体房地产市场发展的演变规律、政府与市场关系处理、资源配置效率变动、房地产对经济增长的影响机制、驱动模式和贡献程度、政府应对炒房投机的实施策略等内容进行多维探讨与深度挖掘，争取拿到第一手资料，提高本书研究的时效性与实效性。

参考文献

一、中文专著

［1］曹振良，等 . 房地产经济学通论 ［M］. 北京：北京大学出版社，2003.

［2］陈宗胜 . 中国经济体制市场化进程研究 ［M］. 上海：上海人民出版社，1999.

［3］董藩，赵安平 . 房地产金融 ［M］. 北京：清华大学出版社，2019.

［4］樊纲，王小鲁 . 中国市场化指数 各地区市场化相对进程2004年度报告 ［M］. 北京：经济科学出版社，2004.

［5］高波，王辉仓，赵奉军 . 转型期中国房地产市场成长1978—2008 ［M］. 北京：经济科学出版社，2009.

［6］高波，赵奉军 . 中国房地产周期波动与宏观调控 ［M］. 北京：商务印书馆，2012.

［7］哈耶克 . 个人主义与经济秩序 ［M］. 邓正来，译 . 北京：生活·读书·新知三联书店，2003.

［8］哈耶克 . 通往奴役之路 ［M］. 王明毅，等译 . 北京：中国社会科学出版社，1997.

［9］吉利斯，帕金斯，罗默，等 . 发展经济学 ［M］. 李荣昌，胡和立，译 . 北京：经济科学出版社，1989.

［10］兰小欢．置身事内 中国政府与经济发展［M］.上海：上海人民出版社，2021.

［11］李景国．房地产市场与其主要影响因素协调发展研究［M］.北京：中国社会科学出版社，2014.

［12］李晓西．中国市场化进程［M］.北京：人民出版社，2009.

［13］蒲艳，汤晖，王官诚，等．中国房地产市场繁荣对实体经济的影响研究［M］.北京：人民出版社，2018.

［14］亚当·斯密．国富论：上［M］.贾拥民，译．北京：中国人民大学出版社，2016.

［15］王小鲁，樊纲，胡李鹏．中国分省份市场化指数报告（2018）［M］.北京：社会科学文献出版社，2019.

［16］王小鲁，胡李鹏，樊纲．中国分省份市场化指数报告［M］.北京：社会科学文献出版社，2021.

［17］王重润，张超．房价波动及其宏观经济效应研究［M］.北京：经济管理出版社，2013.

［18］温忠麟．调节效应和中介效应分析［M］.北京：教育科学出版社，2012.

［19］习近平．习近平谈治国理政 第二卷［M］.北京：外文出版社，2017.

［20］习近平．习近平谈治国理政 第一卷［M］.北京：外文出版社，2018.

［21］姚玲珍．房地产经济学［M］.北京：中国建筑工业出版社，2019.

［22］张红．房地产经济学［M］.北京：清华大学出版社，2005.

［23］张洪力．房地产经济学：第2版［M］.北京：机械工业出版社，2020.

［24］张家春 . 商业地产学 ［M］. 上海：上海交通大学出版社，2014.

［25］张跃庆，王德起，丁芸 . 房地产经济学 ［M］. 北京：中国建材工业出版社，2009.

［26］朱亚鹏 . 住房制度改革政策创新与住房公平 ［M］. 广州：中山大学出版社，2007.

二、中文期刊

［1］蔡穗生 . 划清政府与市场界限，重构住房供应体系 ［J］. 南方经济，2014（2）.

［2］曹振良，傅十和 . 中国房地产市场化测度研究 ［J］. 中国房地产，1998（7）.

［3］陈金至，宋鹭 . 从土地财政到土地金融：论以地融资模式的转变 ［J］. 财政研究，2021（1）.

［4］陈婧，范勇 . 轮岗交流政策能促进教师专业发展吗？——基于东中西部六省市的实证调查 ［J］. 教师教育研究，2022，34（3）.

［5］陈胜蓝，马慧 . 贷款可获得性与公司商业信用：中国利率市场化改革的准自然实验证据 ［J］. 管理世界，2018，34（11）.

［6］陈诗一，陈登科 . 雾霾污染、政府治理与经济高质量发展 ［J］. 经济研究，2018，53（2）.

［7］陈小亮，李三希，陈彦斌 . 地方政府激励机制重构与房价调控长效机制建设 ［J］. 中国工业经济，2018（11）.

［8］陈云贤 . 中国特色社会主义市场经济：有为政府+有效市场 ［J］. 经济研究，2019，54（1）.

［9］谌鸿燕 . 代际累积与子代住房资源获得的不平等：基于广州的个案分析 ［J］. 社会，2017，37（4）.

[10] 程雪阳. 集体经营性建设用地入市背景下土地税制的完善 [J]. 武汉大学学报（哲学社会科学版），2022，75（4）.

[11] 道·诺斯. 制度变迁理论纲要 [J]. 改革，1995（3）.

[12] 邓创，赵珂. 中国的金融压力及其对宏观经济景气的影响动态 [J]. 财经研究，2018，44（7）.

[13] 丁任重. 马克思的市场理论概述 [J]. 四川大学学报（哲学社会科学版），1993（2）.

[14] 丁艳，李永奎. 建筑业市场化进程测度：2003—2012 年 [J]. 改革，2015（4）.

[15] 丁志杰，严灏，丁玥. 人民币汇率市场化改革四十年：进程、经验与展望 [J]. 管理世界，2018，34（10）.

[16] 董晓宇，郝灵艳. 中国市场化进程的定量研究：改革开放 30 年市场化指数的测度 [J]. 当代经济管理，2010，32（6）.

[17] 方意，荆中博，马晓. 中国房地产市场对银行业系统性风险的溢出效应 [J]. 经济学（季刊），2021，21（6）.

[18] 冯宝军，张媛婧，李延喜. 房地产市场弱型有效的实证研究：以东北地区为例 [J]. 吉林大学社会科学学报，2011，51（4）.

[19] 付才辉. 市场、政府与两极分化：一个新结构经济学视角下的不平等理论 [J]. 经济学（季刊），2017，16（1）.

[20] 高波，樊学瑞，王辉龙. 土地市场化能改善城乡收入差距吗？——来自中国 232 个地级及以上城市的经验证据 [J]. 华东师范大学学报（哲学社会科学版），2019，51（1）.

[21] 郭克莎. 中国房地产市场的需求和调控机制：一个处理政府与市场关系的分析框架 [J]. 管理世界，2017（2）.

[22] 郭丽燕，黄建忠，庄惠明. 人力资本流动、高新技术产业集聚与经济增长 [J]. 南开经济研究，2020（6）.

［23］郭鹏飞，胡歆韵．基础设施投入、市场一体化与区域经济增长［J］．武汉大学学报（哲学社会科学版），2021，74（6）．

［24］黄静．房价上涨与信贷扩张：基于金融加速器视角的实证分析［J］．中国软科学，2010（8）．

［25］黄群慧，余泳泽，张松林．互联网发展与制造业生产率提升：内在机制与中国经验［J］．中国工业经济，2019（8）．

［26］黄群慧．论新时期中国实体经济的发展［J］．中国工业经济，2017（9）．

［27］黄少安，文丰安．中国经济社会转型中的土地问题［J］．改革，2018（11）．

［28］贾洪文，张伍涛，盘业哲．科技创新、产业结构升级与经济高质量发展［J］．上海经济研究，2021（5）．

［29］贾妍妍，方意，荆中博．中国金融体系放大了实体经济风险吗［J］．财贸经济，2020，41（10）．

［30］简新华，聂长飞．中国高质量发展的测度：1978—2018［J］．经济学家，2020（6）．

［31］江胜利．房地产市场化与城市经济发展［J］．经济地理，1994（3）．

［32］江艇．因果推断经验研究中的中介效应与调节效应［J］．中国工业经济，2022（5）．

［33］李秋梅，梁权熙．企业"脱实向虚"如何传染？——基于同群效应的视角［J］．财经研究，2020，46（8）．

［34］李文俊．机制设计理论的产生发展与理论现实意义［J］．学术界，2017（7）．

［35］李娅，官令今．规模、效率还是创新：产业政策工具对战略性新兴产业作用效果的研究［J］．经济评论，2022（4）．

［36］李言，高波，雷红．中国地区要素生产率的变迁：1978—2016［J］．数量经济技术经济研究，2018，35（10）．

［37］李勇刚．土地资源错配阻碍了经济高质量发展吗？——基于中国35个大中城市的实证研究［J］．南京社会科学，2019（10）．

［38］李增福，黄东晓，云锋．产业政策何以导致了企业"脱实向虚"？［J］．经济社会体制比较，2021（4）．

［39］林红玲．西方制度变迁理论述评［J］．社会科学辑刊，2001（1）．

［40］林毅夫．中国经验：经济发展和转型中有效市场与有为政府缺一不可［J］．行政管理改革，2017（10）．

［41］刘贯春，刘媛媛，张军．经济政策不确定性与中国上市公司的资产组合配置：兼论实体企业的"金融化"趋势［J］．经济学（季刊），2020，20（5）．

［42］刘晗，王燕，杨文举．FDI能否推动长江经济带经济增长：基于多维门槛效应的实证检验［J］．经济理论与经济管理，2020（4）．

［43］刘金山，何炜．我国利率市场化进程测度：观照发达国家［J］．改革，2014（10）．

［44］刘瑞兴．金融压力对中国实体经济冲击研究［J］．数量经济技术经济研究，2015，32（6）．

［45］刘世锦，刘培林，何建武．我国未来生产率提升潜力与经济增长前景［J］．管理世界，2015（3）．

［46］刘世锦．"新常态"下如何处理好政府与市场的关系［J］．求是，2014（18）．

［47］刘守英，王志锋，张维凡，等．"以地谋发展"模式的衰竭：基于门槛回归模型的实证研究［J］．管理世界，2020，36（6）．

［48］陆铭，李鹏飞，钟辉勇．发展与平衡的新时代：新中国70年

的空间政治经济学 [J]. 管理世界, 2019, 35 (10).

[49] 吕冰洋, 毛捷, 吕寅晗. 房地产市场中的政府激励机制: 问题与改革 [J]. 财贸经济, 2013 (7).

[50] 吕萍, 邱骏, 丁富军, 等. 住房属性困境、产权残缺与住房制度改革: 基于中国住房政策演变和调整讨论 [J]. 公共管理与政策评论, 2021, 10 (5).

[51] 罗富政, 何广航. 政府干预、市场内生型经济扭曲与区域经济协调发展 [J]. 财贸研究, 2021, 32 (2).

[52] 罗双成, 刘建江. 房价波动、经济增长与地区差距 [J]. 经济问题探索, 2018 (7).

[53] 罗素梅, 周光友. 利率市场化的阶段性特征: 基于上海自贸区诉求 [J]. 改革, 2014 (10).

[54] 马海涛, 文雨辰, 田影. 以减税助推共享发展: 机制分析与实际效果检验 [J]. 税务研究, 2022 (2).

[55] 马建堂. 建设高标准市场体系与构建新发展格局 [J]. 管理世界, 2021, 37 (5).

[56] 马茹, 张静, 王宏伟. 科技人才促进中国经济高质量发展了吗? ——基于科技人才对全要素生产率增长效应的实证检验 [J]. 经济与管理研究, 2019, 40 (5).

[57] 孟宪春, 张屹山, 李天宇. 有效调控房地产市场的最优宏观审慎政策与经济 "脱虚向实" [J]. 中国工业经济, 2018 (6).

[58] 牟燕, 钱忠好. 地方政府土地财政依赖一定会推高城市一级土地市场化水平吗? ——基于 2003—2015 年中国省级面板数据的检验 [J]. 中国土地科学, 2018, 32 (10).

[59] 倪鹏飞, 白雨石. 中国城市房地产市场化测度研究 [J]. 财贸经济, 2007 (6).

[60] 倪鹏飞，沈立．制度偏漏、机制扭曲与房价蔓延式飙升：2016 年中国楼市分析 [J]．社会科学研究，2019 (2)．

[61] 倪外．有为政府、有效市场与营商环境优化研究：以上海为例 [J]．上海经济研究，2019 (10)．

[62] 聂长飞，简新华．中国高质量发展的测度及省际现状的分析比较 [J]．数量经济技术经济研究，2020，37 (2)．

[63] 潘静，杨扬．城市家庭住房不平等：户籍、禀赋还是城市特征？——基于广义有序模型与 Oaxaca-Blinder 分解 [J]．贵州财经大学学报，2020 (6)．

[64] 裴广一．论有效市场与有为政府：理论演进、历史经验和实践内涵 [J]．甘肃社会科学，2021 (6)．

[65] 彭俞超，黄娴静，沈吉．房地产投资与金融效率：金融资源"脱实向虚"的地区差异 [J]．金融研究，2018 (8)．

[66] 彭俞超，黄志刚．经济"脱实向虚"的成因与治理：理解十九大金融体制改革 [J]．世界经济，2018，41 (9)．

[67] 彭俞超，倪骁然，沈吉．企业"脱实向虚"与金融市场稳定：基于股价崩盘风险的视角 [J]．经济研究，2018，53 (10)．

[68] 盛来运，郑鑫，周平，等．我国经济发展南北差距扩大的原因分析 [J]．管理世界，2018，34 (9)．

[69] 师博，张冰瑶．全国地级以上城市经济高质量发展测度与分析 [J]．社会科学研究，2019 (3)．

[70] 司登奎，李小林，孔东民，等．贸易政策不确定性、金融市场化与企业创新型发展：兼论金融市场化协同效应 [J]．财贸经济，2022，43 (4)．

[71] 斯文·斯坦莫，李鹏琳，马得勇．什么是历史制度主义 [J]．比较政治学研究，2016 (2)．

[72] 宋津明，邹驯智，张高峰. 作为哲学范畴的交换、商品、货币和市场 [J]. 上海大学学报（社会科学版），2000（4）.

[73] 宋玉. "类住宅"整顿政策搅动房地产业行情 [J]. 中国战略新兴产业，2017（23）.

[74] 孙晓华，李明珊. 我国市场化进程的地区差异：2001—2011年 [J]. 改革，2014（6）.

[75] 谭荣. 集体建设用地市场化进程：现实选择与理论思考 [J]. 中国土地科学，2018，32（8）.

[76] 谭政勋，陈铭. 房价波动与金融危机的国际经验证据：抵押效应还是偏离效应 [J]. 世界经济，2012，35（3）.

[77] 陶然，汪晖. 中国尚未完成之转型中的土地制度改革：挑战与出路 [J]. 国际经济评论，2010（2）.

[78] 田国强. 如何实现科学有效的体制机制重构与完善：机制设计理论视角下的国家治理现代化 [J]. 人民论坛，2014（26）.

[79] 田皓森，温雪. 金融一体化的区域经济高质量增长效应：基于全国12个重点城市群的实证研究 [J]. 宏观经济研究，2021（11）.

[80] 汪昌云，钟腾，郑华懋. 金融市场化提高了农户信贷获得吗？——基于农户调查的实证研究 [J]. 经济研究，2014，49（10）.

[81] 汪伟，刘玉飞，史青. 人口老龄化、城市化与中国经济增长 [J]. 学术月刊，2022，54（1）.

[82] 王柏杰，冯宗宪. 金融支持过度、房地产价格泡沫和货币政策有效性：以京、津、沪、渝为例 [J]. 山西财经大学学报，2012，34（12）.

[83] 王东京. 中国经济体制改革的理论逻辑与实践逻辑 [J]. 管理世界，2018，34（4）.

[84] 王峰. 我国房地产市场资源配置机制研究 [J]. 马克思主义

与现实，2018（2）.

[85] 王宏新，勇越. 中国城市土地招拍挂制度的异化与重构 [J]. 中州学刊，2012（2）.

[86] 王青，陈志刚，叶依广，等. 中国土地市场化进程的时空特征分析 [J]. 资源科学，2007（1）.

[87] 王贤彬，刘淑琳，黄亮雄. 金融杠杆如何影响城市经济增长：新的计量证据与机制识别 [J]. 财贸经济，2021，42（11）.

[88] 温忠麟，叶宝娟. 中介效应分析：方法和模型发展 [J]. 心理科学进展，2014，22（5）.

[89] 温忠麟. 张雷，侯杰泰，等. 中介效应检验程序及其应用 [J]. 心理学报，2004（5）.

[90] 巫强，张金华，郑江淮. 创新投入、创新产出与实体经济发展 [J]. 财经问题研究，2020（2）.

[91] 吴成颂，郭开春，邵许生. 利率市场化、外部环境与银行信贷配置和风险：基于40家城市商业银行的实证检验与分析 [J]. 当代经济管理，2017，39（8）.

[92] 杨龙见，岳童，王佳文，等. 房产税、资源配置与城市生产效率 [J]. 财经研究，2021，47（10）.

[93] 杨明洪，巨栋，涂开均. "南北差距"：中国区域发展格局演化的事实、成因与政策响应 [J]. 经济理论与经济管理，2021，41（4）.

[94] 杨文溥. 数字经济与区域经济增长：后发优势还是后发劣势？[J]. 上海财经大学学报，2021，23（3）.

[95] 杨先明，李波. 土地出让市场化能否影响企业退出和资源配置效率？[J]. 经济管理，2018，40（11）.

[96] 杨晓军. 户籍制度改革对大城市劳动力流入的影响：以中国

的 123 个大城市为例 [J]. 城市问题, 2017 (1).

[97] 杨晓猛. 转型国家市场化进程测度的地区差异分析: 基于产业结构调整指标的设计与评价 [J]. 世界经济研究, 2006 (1).

[98] 张传勇. 住房差异是否影响了家庭收入不平等? 机制、假说与检验 [J]. 南开经济研究, 2018 (1).

[99] 张敦福. 住房的过度市场化及其社会后果: 从《论住宅问题》看城市中下层民众的住房消费 [J]. 兰州大学学报 (社会科学版), 2010, 38 (4).

[100] 张国强, 温军, 汤向俊. 中国人力资本、人力资本结构与产业结构升级 [J]. 中国人口·资源与环境, 2011, 21 (10).

[101] 张红, 李洋, 王悦. 中国内地与香港房地产市场有效性及互动关系研究 [J]. 经济问题探索, 2012 (9).

[102] 张杰, 李克, 刘志彪. 市场化转型与企业生产效率: 中国的经验研究 [J]. 经济学 (季刊), 2011, 10 (2).

[103] 张军, 吴桂英, 张吉鹏. 中国省际物质资本存量估算: 1952—2000 [J]. 经济研究, 2004 (10).

[104] 张辽, 杨成林. 土地市场化改革平抑了房价波动吗: 来自中国的经验证据 [J]. 经济学家, 2015 (12).

[105] 张林, 温涛. 中国实体经济增长的时空特征与动态演进 [J]. 数量经济技术经济研究, 2020, 37 (3).

[106] 张琳, 黎小明, 刘冰洁, 等. 土地要素市场化配置能否促进工业结构优化? ——基于微观土地交易数据的分析 [J]. 中国土地科学, 2018, 32 (6).

[107] 张佩瑶, 崔建军. 市场化改革有助于经济去杠杆吗? ——来自中国省级层面的经验证据 [J]. 经济问题探索, 2021 (10).

[108] 张少辉, 余泳泽. 土地出让、资源错配与全要素生产率

[J]. 财经研究, 2019, 45 (2).

　　[109] 张曙光, 赵农. 市场化及其测度：兼评《中国经济体制市场化进程研究》[J]. 经济研究, 2000 (10).

　　[110] 张曙光. 分工、交易和市场化 [J]. 南方经济, 2014 (11).

　　[111] 张曙霄, 戴永安. 异质性、财政分权与城市经济增长：基于面板分位数回归模型的研究 [J]. 金融研究, 2012 (1).

　　[112] 张晓晶, 李成, 李育. 扭曲、赶超与可持续增长：对政府与市场关系的重新审视 [J]. 经济研究, 2018, 53 (1).

　　[113] 张协奎, 代晓玲. 我国高房价与金融风险的关系分析：基于 VAR 模型 [J]. 价格月刊, 2018 (7).

　　[114] 张协奎, 樊光义. 论习近平新时代住房发展观 [J]. 财经科学, 2020 (3).

　　[115] 张协奎, 樊光义. 我国住房制度改革和长效机制建设研究述评 [J]. 创新, 2020, 14 (5).

　　[116] 张协奎, 樊光义. 中国房地产压力指数构建及其实证分析 [J]. 城市问题, 2016 (11).

　　[117] 张新宁. 有效市场和有为政府有机结合：破解"市场失灵"的中国方案 [J]. 上海经济研究, 2021 (1).

　　[118] 郑东雅, 皮建才, 刘志彪. 中国的房价上涨与实体经济投资：拉动效应还是挤出效应？[J]. 金融评论, 2019, 11 (4).

　　[119] 郑骏川. 住房价格波动对经济增长的影响：基于房产抵押效应与财富效应的视角 [J]. 技术经济与管理研究, 2018 (4).

　　[120] 郑曼妮, 黎文靖, 柳建华. 利率市场化与过度负债企业降杠杆：资本结构动态调整视角 [J]. 世界经济, 2018, 41 (8).

　　[121] 周京奎, 黄征学. 住房制度改革、流动性约束与"下海"创业选择：理论与中国的经验研究 [J]. 经济研究, 2014, 49 (3).

［122］朱梦冰，李实．中国城乡居民住房不平等分析［J］．经济与管理研究，2018，39（9）．

［123］朱喜安，张秀，李浩．中国高新技术产业集聚与城镇化发展［J］．数量经济技术经济研究，2021，38（3）．

［124］庄晓玖．中国金融市场化指数的构建［J］．金融研究，2007（11）．

三、学位论文、报纸

［1］陈雪松．房地产业与区域经济发展的关系分析［D］．广州：暨南大学，2009．

［2］程伟亚．房地产市场化水平测度及健康发展研究［D］．济南：山东师范大学，2016．

［3］段芳．房地产市场有效性的理论与实证研究［D］．上海：华东师范大学，2011．

［4］黄书雷．房地产市场化程度与市场热度研究［D］．昆明：云南财经大学，2009．

［5］雷泽珩．噪音对中国房地产市场波动的影响研究［D］．武汉：武汉大学，2018．

［6］李明月．我国城市土地资源配置的市场化研究［D］．武汉：华中农业大学，2003．

［7］李双久．房地产业与国民经济发展的国际比较研究［D］．长春：吉林大学，2007．

［8］汪天都．技术分析、有效市场与行为金融［D］．上海：复旦大学，2014．

［9］王广中．社会学视域下中国房地产市场治理研究［D］．武汉：武汉大学，2013．

[10] 赵明昊. 房地产开发投资的宏观效应研究 [D]. 长春：吉林大学，2020.

[11] 周京奎. 金融支持过度与房地产泡沫研究 [D]. 天津：南开大学，2004.

四、英文专著

[1] BRUE S L, MCCONNELL C R, FLYNN S M . Economics：Principles, Problems, and Policies [M]. McGraw-Hill/Irwin, 2005.

[2] NORTH D C. Understanding the Process of Economic Change [M]. Princeton University Press, 2005.

五、英文期刊

[1] ABIAD A, DETRAGIACHE E, TRESSEL T. A New Database of Financial Reforms [J]. Imf Staff Papers, 2010, 57 (2).

[2] ALLEN F, GALE D. The Asian Crisis and the Process of Financial Contagion [J]. Journal of Financial Regulation and Compliance, 1999, 7 (3).

[3] ANG A, BAI J, ZHOU H. The Great Wall of Debt：Real Estate, Political Risk, and Chinese Local Government Credit Spreads [J]. Columbia Business School Research Paper, 2016 (15).

[4] BANDIERA O, CAPRIO G, HONOHAN P, et al. Does Financial Reform Raise or Reduce Saving [J]. The Review of Economics and Statistics, 2000 (82).

[5] BARRO R J. Determinants of Economic Growth：A Cross-Country Empirical Study [J]. American Political Review, 2003, 92 (2).

[6] BARRO R J. Economic Growth In A Cross Section of Countries.

[J]. The Quarterly Journal of Economics 1991, 106 (2).

[7] BERNANKE B S, GERTLER M. Monetary Policy and Asset Price Volatility [J]. Econic review, 1999 (4).

[8] BHAGWATI J N .The Generalized Theory of Distortions and Welfare [J]. Trade Balance of Payments & Growth Papers in International Economics in Honor of Charles P Kindleberger, 1969, 12 (3).

[9] BHAGWATI J, RAMASWAMI V K. Domestic Distortions, Tariffs and the Theory of Optimum Subsidy [J]. The Journal of Political Economy, 1963 (71).

[10] CABALLERO R J, FARHI E, GOURINCHAS P O. Safe Asset Scarcity and Aggregate Demand [J]. American Economic Review, 2016 (106).

[11] CHANEY T, SRAER D, THESMAR D. The Collateral Channel: How Real Estate Shocks Affect Corporate Investment [J]. American Economic Review, 2012, 102 (6).

[12] CHEN J, HUI E C M, SEILER M J, et al. Household Tenure Choice and Housing Price Volatility Under A Binding Home-Purchase Limit Policy Constraint [J]. Journal of HousingEconomics, 2018 (41).

[13] CHEN K, WEN Y. The Great Housing Boom of China [J]. American Economic Journal: Macroeconomics, 2017, 9 (2).

[14] CHEN Z, HE Z, LIU C. The Financing of Local Government in China: Stimulus Loan Wanes and Shadow Banking Waxes [J]. Journal of Financial Economics, 2020, 137 (1).

[15] COASE R H. The Nature of the Firm [J]. Economica, 1937, 4 (16).

[16] COASE R H. The Problem of Social Cost [J]. The Journal of

Law & Economics, 1960 (3).

[17] CUADRA G, NUGUER V. Risky Banks and Macro-Prudential Policy for Emerging Economies [J]. Review of Economic Dynamics, 2018 (30).

[18] DENG L, SHEN Q Y, WANG L. The Emerging Housing Policy Framework in China [J]. Journal of Planning Literature, 2011, 26 (2).

[19] DOMER E D. Capital Expansion, Rate of Growth, and Employment [J]. Econometrica, 1946, 14 (2).

[20] NORTH D C. Institutional Change and Economic Growth [J]. The Journal of Economic History, 1971 (31).

[21] DU J F, THILL J C F, PEISER R, et al. Urban Land Market and land-use changes in post-reform China: A case study of Beijing [J]. Landscape and Urban Planning, 2014 (124).

[22] FALCETTI E, RAISER M, SANFEY P. Defying the Odds: Initial Conditions, Reforms, and Growth in the First Decade of Transition [J]. Journal of comparative economics, 2002, 30 (2).

[23] FILARDO A. Should Monetary Policy Respond to Asset Price Bubbles? Some Experimental Results [J]. FRB of Kansas city working paper, 2001 (S1).

[25] HARROD R F. An Essay in Dynamic Theory [J]. The Economic Journal, 1939, 49 (193).

[26] HAVRYLYSHYN O, ROODEN R V. Recovery and Growth in Transition Economies 1990—1997: A Stylized Regression Analysis [J]. Imf Working Papers, 2006, 107 (1).

[27] HAYEK F A. The Constitution of Liberty [J]. Philosophical Review, 1960, 70 (3).

［28］HAYEK F A. The Road to Serfdom ［J］. Friedrich Von Hayek, 1945, 33 (3).

［29］HSIEH C T, KLENOW P J. Development Accounting ［J］. American Economic Journal: Macroeconomics, 2010, 2 (1).

［30］Hu F Z Y, QIAN J. Land-Based Finance, Fiscal Autonomy and Land Supply for Affordable Housing in Urban China: A Prefecture-Level Analysis ［J］. Land Use Policy, 2017 (69).

［32］KOO J, MAENG K. The Effect of Financial Liberalization on Firms' Investment in Korea ［J］. Journal of Asian Economics, 2005 (16).

［33］KOOPMANS T C. On the Concept of Optimal Economic Growth ［J］. Cowles Foundation Discussion Papers, 1965 (5).

［34］LAEVEN L A. Does Financial Liberalization Reduce Financing Constraints? ［J］. Financial Management, 2002, 31 (4).

［35］LEE J, HUANG Y. Covid-19 Impact on US Housing Markets: Evidence From Spatial Regression Models ［J］. Spatial Economic Analysis, 2022 (4).

［36］Li L H, Wu F, Dai M, et al. Housing Affordability of University Graduates in Guangzhou ［J］. Habitat International, 2017 (67).

［37］MASKIN E. Nash Equilibrium and Welfare Optimality ［J］. The Review of Economic Studies, 1977 (66).

［38］MIAO J J, WANG P F, ZHOU J. Asset Bubbles and Foreign Interest Rate Shocks ［J］. Review of Economic Dynamics, 2022 (44).

［39］MYERSON R B. Optimal Auction Design ［J］. Mathematics of Operations Research, 1981, 6 (1).

［40］NORTH D C. Institutions, Transaction Costs and Economic Growth ［J］. Economic Inquiry, 1987, 25 (3).

［42］ RAMSEY F P. A Mathematical Theory of Saving ［J］. The Economic Journal, 1928, 38 (152).

［43］ ROBERT E, LUCAS J, et al. On the Mechanics of Economic Development ［J］. Journal of Monetary Economics, 1988 (22).

［44］ ROMER P M. Endogenous Technological Change ［J］. Journal of Political Economy, 1990, 98 (5).

［45］ ROMER P M. Increasing Returns and Long-Run Growth ［J］. Journal of Political Economy, 1986 (94).

［46］ SAMUELSON P A. Interactions between the Multiplier Analysis and the Principle of Acceleration ［J］. The Review of Economics and Statistics, 1939, 21 (2).

［47］ SCHMALZ M C, SRAER D A, THESMAR D. Housing Collateral and Entrepreneurship ［J］. The Journal of Finance, 2016, 72 (1).

［48］ SOLOW R M . A Contribution to the Theory of Economic Growth ［J］. The Quarterly Journal of Economics, 1956, (1).

［50］ SONG X, XIE Y. Market Transition Theory Revisited: Changing Regimes of Housing Inequality in China, 1988—2002 ［J］. Sociological Science, 2017 (1).

［51］ SVENSSON L E O. Cost-Benefit Analysis of Leaning Against the Wind ［J］. Journal of Monetary Economics, 2017 (90).

［52］ WALKS A. Homeownership, Asset - based Welfare and the Neighbourhood Segregation of Wealth ［J］. Housing Studies, 2016, 31 (7).

［53］ WANG Y P, MURIE A . The New Affordable and Social Housing Provision System in China: Implications for Comparative Housing Studies ［J］. International Journal of Housing Policy, 2011, 11 (3).

[54] WANG Q Y. Fixed – Effect Panel Threshold Model Using Stata [J]. Stata Journal, 2015, 15 (1).

[55] YUAN Y, RONG Z, YANG R D, et al. Instability of migrant labor supply in China: evidence from source areas for 1987—2008 [J]. Eurasian Geography and Economics, 2015, 56 (3).

[56] ZAVISCA J R, GERBER T P. The Socioeconomic, Demographic, and Political Effects of Housing in Comparative Perspective [J]. Annual Review of Sociology, 2016 (42).

[57] ZHOU J, MUSTER S. Housing Preferences and access to public rental housing among migrants in Chongqing, China [J]. Habitat International, 2018 (79).